國語國文學叢書 020

海東歌謠(朴氏本) 附 永言選

학자원

국어국문학총서 20

海東歌謠(朴氏本) 附 永言選

2017년 7월 25일 초판 1쇄 발행

저 자 : 미상
펴낸이 : 김병환
펴낸곳 : 학자원
주 소 : 134-814 서울시 강동구 천호대로 1121
전 화 : 02) 6403-1000
팩 스 : 02) 6338-1001
E-mail : hakjaone@daum.net
등 록 : 2011년 3월 24일 제324-2011-14호

HAKJAONE Publishing Co.
1121 Cheonho-Daero Kangdong-Gu Seoul

ISBN : 979-11-87806-43-1 93810

값 30,000원

海東歌謠·附永言選 解題

一、緒　言

海東歌謠는 朝鮮 英祖代의 歌客인 老歌齋 金壽長이 編纂한 時調集이다。

이는 同時代의 南坡 金天澤이 엮은 靑丘永言과 雙璧을 이루는 것으로 當時의 歌壇狀況을 集約的으로 反映해 주는 貴重한 文獻이다。

元來 個人時調集으로는 南坡가 海東歌謠에서 朱義植·金裕器·金聖器의 作品序跋 중에 「全篇」이니 「略成編秩」이니 한 만처럼 일찍부터 있었다。 그것들을 南坡가 裒輯하여 英祖 四年(一七二八·戊申)에 靑丘永言을 完成시킨 것이니 現傳 靑丘永言(吳漢根本·珍書刊行會本)은 總 七○張에 作品 五八○首가 收錄된 精寫本이다。

한편 海東歌謠는 老歌齋가 數年을 두고 屢次 裒輯한 것인데 一石本과 周氏本의 二種이 巷間에 廣布되어 왔다。

그러나 去年에 朴永弴님이 古書肆에서 本書를 發掘함으로써 또 하나의 海東歌謠를 學界에 紹介하게 되었다。

特히 朴氏本에는 永言選이 附錄되어 稀貴한 文獻的 價値가 있다。

이들 三種의 傳承經路를 略述하면 다음과 같다。

(1) 一石本——이는 表題를 海東風雅라고 한 一石 李熙昇님 所藏本으로 金三不校注本 海東歌謠(一九五○·正音社刊)의 對校로 쓰였으나 金日成亂 때에 그 原本이 燒失되었다。 그러나 일찌기 陶南 趙潤濟님이 이를 轉寫한 바가 있어 沈載完님은 歷代時調全書(一九七二·世宗文化社刊)에서 그것을 底本으로 삼았다。 또 李在秀님은 서울大學에서 筆寫를 專門으로 하던 張翁에게 原本과 同一한 體裁로 筆寫시킨 것을 가지고 있다가 金三不校注本과 鄭炳昱編著 時調文學事典(一九六六·新丘文化社刊)을 參考하여 原本의 缺張된 部分을 活字로 補塡한 것을 그의 編著 景印本 古典文學選(一九七三·東光出版社刊)에 收錄하였으니 湮滅된 一石本(略稱 海一)을 再生시켜 現傳한 것이다。

(2) 周氏本——이는 周時經님 所藏本으로 一九○九年(隆熙 三)에 朴謙 및 周時經의 跋文을 붙인 轉寫本인데 乾坤 二部中 乾部(有名氏分)만 남았으며 靑邱歌謠가 附錄되어 있다。 이를 六堂 崔南善이 一覽閣藏書로 傳藏했다가 日帝時에 延禧專門에서 謄寫本으로 낸 바가 있고、一九三○年에는 京城帝大에서 活字本으로 出版한 것이다。 이는 金三不校注本의 底本으로도 삼았으나 金日成亂 때에 燒失되었다。 世稱 六堂本이라고도 하나 여기서는 周氏本(略稱 海周)이라 부르기로 한다。

(3) 朴氏本——이는 本書로 距今 二百餘年前에 轉寫된 것이므로 筆寫年代가 三本中 가장 오래된 것이며 永言選이 附錄되어 있다。 野山樵人 朴永弴님 所藏이므로 朴氏本(略稱 海朴)이라 부르고자 한다。

二、海東歌謠의 編纂時期

海東歌謠의 編纂은 金壽長의 平生事業이었으니 數年間에 걸쳐 여러 차례 改修增補되었다。

第一次 編纂時期는 英祖 三〇年(一七五四·甲戌)에 十州 金壽長이 海東歌謠序를 쓰고 翌年인 英祖 三一年(一七五五·乙亥)에 跋文을 쓴 때로 보아야 한다。

『好事者 裒集 非不夥 然傳之旣久 背音律 違高低者 間多有之 金君壽長 與金春澤 當世名唱 微妙豪爽之節 出於此門 慨然有矯失正訛之志 廣取諸君子所作 及里巷傳誦者 反覆乎 較其句語之誤 沈潛乎 反其淸濁之分 尾附自家所製 合一部……歲乙亥孟夏之初 張福紹書于十州之覰德齋』

(*周氏本에 실린 跋文과는 多少 字句의 다른 적이 있다。)

라고 한 張福紹의 跋文과 朴氏本에만 있는 金壽長의 書(跋)로 보아 英祖 三一年에는 이미 從來의 數種 歌集을 矯正하여 海東歌謠를 編纂完了했던 것이다。 朴氏本은 아마도 第一次 編纂本을 底本으로 轉寫한 듯하니 「尾附自家所製合一部」의 金壽長 作品은 一六首를 말한데 反하여 周氏本에 「尾附自家之所製 長短歌百餘章 合爲一部述之」라고 하였음은 周氏本이 훨씬 後代의 轉寫本임을 말해 준다。 그런데 海東歌謠에 실린 金天澤의 作品末尾에 쓴 鄭潤卿의 序文은 英祖 二二年(一七四六·丙寅)에 쓴 것인데 그가 일찌기 英祖 四年(一七二八·戊申)에 金天澤의 靑丘永言에 써 준 序文에서 「金君履叔」을 「金君伯涵」으로, 「戊申暮春」을 「丙寅花柳之節」이라고 改書하여 金壽長에게 준 것으로 推測된다。 이로써 보면 英祖 二二年(一七四六·丙寅)에는 이미 海東歌謠의 編纂이 進行되고 있었으며 英祖 三一年(一七五五·乙亥)에 이르러 張福紹의 跋文까지 붙여 놓은 것이다。

第二次 編纂은 英祖 三九年(一七六三·癸未)에 完成되었으니 「吾旣修正作譜 以傳於後」라고 한 바와 같이 英祖 三六年(一七六〇·庚辰)에 歌譜를 修正補完하였고、

「及自製長短歌 一百四十九章 一一蒐輯 正訛繕寫 厘爲一卷 名之曰海東歌謠……歲癸未春正月上澣 完山後人 七四翁 老歌齋 金壽長書」

라고 한 바와 같이 英祖 三九年에 이르러 序文(이는 甲戌年序를 다시 改書한 것인)을 붙여 完成시켰다。

第三次 編纂은 英祖 四五年(一七六九·己丑)까지 繼續되었다。 곧 英祖 四三年(一七六七·丁亥)에는 「奉賀親耕親蠶二章」을 지어 補完했고、 다시 卷末에 靑邱歌謠 一編을 附錄하되 金友奎·金兌錫·朴熙錫·金振泰·文守彬·李德涵·金默壽·金重說·金斗性 등 當代歌客의 時調를 모아 各作品마다 序文을 써 놓았다。 곧

「金君聖伯 與我交道甚密……聖伯自家所製十一章示余……甲申臘梅之節 老歌齋 金壽長書」

「金君君獻之作 意旨超越 辭韻淸絶 不染俗態……歲丙辰夏六月 七七翁 老歌齋 金壽長書」

「余歌譜 改修正時 得見士淳之所製短歌三章……歲己丑杏花之節 八十翁 老歌齋書」

등으로 보아 金壽長의 나이 八〇歲인 英祖 四五年(一七六九·己丑)에 이르기까지 改修補正은 進行되었다。

三、朴氏本의 構成과 內容

朴氏本은 單卷 一冊의 筆寫本인데 가로 二〇㎝、세로 二七㎝의 크기에 總 八二張(表紙 및 缺張包含)의 無版心 無界線 楮紙 線裝本이다。그 編次는 海東歌謠 四六張、永言選 一二張、無名氏 一五張、落缺 七張으로 이루어졌다。그 構成과 內容을 順次的으로 摘記하면 다음과 같다。

(1) 海東歌謠序

○「夫文章詩律 刊行于世傳之永久 云云」은 青丘永言(吳氏本)에서 南坡가 쓴 後跋을 그대로 襲用하되「名之曰 青丘永言」을「名之曰 海東歌謠」라 改稱하고「歲戊申夏五月既望南坡老圃識」를「十洲書于甲戌之夏六」으로 바꿔 놓았을 뿐이다。곧 戊申年(英祖 四·一七二八)에 金天澤이 青丘永言을 裒集하고 쓴 後跋을 金壽長은 甲戌年(英祖 三〇·一七五四)에 海東歌謠를 編纂하면서 序頭에 援引하였다。

이는 또 周氏本에도 꼭같은 內容이 실려 있는데「歲癸未春正月上澣 完山後人 七四翁 老歌齋 金壽長書」라고 했으니 癸未年(英祖三九·一七六三)에 補修하면서 또 改書한 것이다。그런데 다른 青丘詠言(가람本)에는 卷頭에 海東歌謠錄이란 題下에 같은 內容을 收錄하고「金壽長序」라 하였다。

○「我東所作歌曲 專用方言 間雜文字 云云」은 青丘永言(吳氏本)의「蔓橫淸類序」에서 轉載한 것인데 末尾 三六字를 省略하였고、이는 青丘詠言(가람本)에 있는 洪于海序와 꼭 같다。

○「餘嘗有疾 杜門坐無客 散人金天澤以……海東歌謠錄一編 乃共年少時 所自裒集者也 云云」은 本書에만 나타나는 四八〇餘字의 記錄인데 끝에「乙丑仲春花史子 書于欲吟齋」라고 하였다。이는 乙丑年(英祖 二一·一七四五)에 金壽長이 일찌기 金天澤이 裒集한 海東歌謠錄을 보고 써 주었던 跋文을 添錄한 것이다。

○「昔陰康氏時 云云」은 青丘永言의 南坡 序文中에 있는 一節을 抄出한 것이다。

○「平調 雄深和平 云云」은 青丘詠言의 調格을 摘要한 것이다。

(*「宮土氣在於喉……羽水氣在脣」과「청산도 절노절노」등 時調 五首는 後日 添記한 것이므로 不顧함)

(2) 海東歌謠

○「初中大葉·二中大葉·三中大葉」에「南薰五絃 行雲流水」등 歌之風度形容을 적지 않았다。이는 海周와 같고 海一과 다른 점이다。

○「北殿 後庭花」는 海一에는「初北殿 雁叫霜天 草裡驚蛇」라 記錄되었다。

○ 孝宗大王의 時調 四首는 海一에는「너도 兄弟로고」라는 一首가 더 있다。

○「麗末」이란 頭書가 있는 것은 海周와 같고、海一에는 없다。

○「孟思誠 江湖四時歌」란 頭書는 海周와 같고 海一과 다르다。

○「本朝」란 頭書도 海朴과 海周에만 있다。

○ 王邦衍의 時調 다음에 李賢輔의 效嚬歌 및「李賢輔 書于聾岩小閣」이란 跋文을 이은 것은 海朴에만 있다。

○ 海一에 있는 朴英의 時調 一首가 海朴에는 없다。

○ 曺植의 時調 二首中「頭流山 兩端水를」은 海一에는 없다。

○ 李陽元의 時調 다음에 海一에는 金玄成의 時調가 있으나 海朴에는 徐益의 時調 앞으로 位置가 바뀌었다。

○ 海一에는 趙存性의 呼兒曲 다음에 名妓九人과 金應鼎·李仲集의 時調가 이어지는데 海朴에는 金光煜의 栗里遺曲이 바로 뒤따른다。

○ 漁父歌序(金壽長書)는 海朴과 海一에는 없고、海周에만 있다。

○ 海朴에는 金堉의 時調 다음에 李浣의 時調 一首가 있는데 海一에는 없다。

○ 兪崇의 時調다음에 海朴에는 尹游 二首、尹淳 一首、李渘 三首 등이 이어지고、海一에는 李廷燮 二首가 있는데 海朴에는 없다。

○ 海朴에는 朴仁老 四首가 李允文의 跋文과 함께 있는데 海一에는 「盤中 早紅柑이」와 跋文이 漏落되었다。

○ 海朴에는 朱義楨 一二首와 南坡의 跋文이 있는데 海一에는 「오늘은 每樣 두어 점으로」가 더 있어 一三首가 收錄되었으나 南坡跋이 없다。

○ 海一에는 朱義楨의 作品 다음에 許櫃 一首가 있고、金裕器 四首로 이어지는데 海朴에는 金三賢 五首와 金聖器 五首 및 南坡跋文이 더 있으며 金裕器 八首와 南坡跋이 계속되었다。그러므로 海朴에는 「泰山에 올나 안자」、「不忠不孝ᄒᆞ고」、「오늘은 川獵ᄒᆞ고」、「景星出 卿雲興ᄒᆞ니」 등 四首가 더 있다。

○ 海朴에는 名妓八人이 金裕器의 時調와 跋文 다음에 이어지는데 이는 海一의 名妓九人으로 前出한 것 중에서 多福 一首가 漏落되어 있다。

○ 海一의 名妓九人 다음에 있던 金應鼎、李仲集 各一首가 海朴에는 朴明賢 一首 다음으로 옮겨져 있다。

○ 海朴에는 許櫃 一首가 李仲集의 時調 다음에 있다。그리고 金天澤 二一首 및 鄭潤卿跋이 이어지는데 海周에는 金天澤의 時調가 있으나 海一에는 없다。

○ 海周와 海一에 없는 金壽長 一六首와 그에 따른 「歲乙亥孟夏之初張福紹 書于十州之觀德齋」 跋文과 「乙亥孟夏之初 十州金壽長書」가 海朴에만 있다。

○ 海一에는 李鼎輔의 時調 四〇首가 있으나 海朴에는 없다。

○ 海朴에는 大體로 有名氏 三一一首로 끝나고、永言選이 附錄된 다음에 無名氏 二〇三首가 添記되어 있다。

(＊背面與書한 九三首는 包含시키되 後代에 落書한 四首와 歌辭 一篇은 除外한)

○ 無名氏 作品들은 各已 다른 筆寫者에 依하여 後代에 添記된 것으로 「내히 좃타 ᄒᆞ고」 등 四一首는 「壬辰 六月十九日 筆謄」이라 했으니 英祖 四八年(一七七二)에 筆寫한 것이다。

○ 또 다른 轉寫者에 依해 「接騷録數大藥可合者抄集」이라고 하여 「어제밤도 곱숭구리 새오좀 자고」 등 一一首와 「樂時調」로 「北邙山川이 긔 잇더ᄒᆞ어」 등 二七首、「蔓數」로 「人生 시른 수레」 등 三一首가 있고 以下 落缺七張으로 끝난다。

○ 그리고 無名氏의 時調가 始作되는 張부터 그 背面에 전혀 다른 筆體로 後日에 添錄한 「갈 제 보니 靑山이러니」 등 九四首가 있으나 二首는 重出이니 削除하고 보면 九二首가 있다。

(＊끝 一首는 年少者의 插筆인)

以上 朴氏本의 構成과 內容을 略述하였거니와 이를 다시금 有名氏分만 圖表로 對比하면 다음과 같다。

朴氏本을 基準으로 한 周氏本 및 一石本 比較

朴 氏 本	周 氏 本	一 石 本
海東歌謠序(乙丑仲春花史 子貫于放吟齋)	같음(金壽長記)	없음
各調體格	같음	없음
없음	歌之風度形容十四條目	歌之風度形容十二條目
없음	各歌體容異別不同之格	歌之體容各異不同格
없음	作歌諸氏	作歌諸氏
海東歌謠	같음	같음
初中大葉	같음	같음
二中大葉	같음	같음
三中大葉	같음	같음
北殿後庭花	初北殿	初北殿
二北殿	같음	같음
初數大葉	같음	같음
頭書없음	二數大葉	같음
列聖御製	頭書없음	같음
麗末	같음	頭書없음
麗史曰	같음	같음
江湖四時歌	같음	頭書없음
本朝	같음	頭書없음
李賢輔咬唷歌 및 跋	없음	없음
漁父歌五章 및 聾岩主人書	같음	같음
李滉書	같음	같음
陶山六曲(乙丑春既望 山老書)	같음	같음
松江短頭(李選序)	같음	같음
高山九曲歌	같음	頭書없음
高山九曲譚記(宋時烈記)	같음	같음
放翁詩餘序	같음	같음
呼兒曲四章竝詩	같음	같음
栗里遺曲	같음	같음
頭書없음	漁父歌五十二章	頭書없음
없음	漁父歌序(金壽長記)	削除
鄭斗卿二首(洪于海識)	같음	같음
朗原君八首(李賀朝書)	같음	같음
李溁三首 및 子規詞	같음(뒤에 있음)	없음
朴仁老四首(李允文書)	같음	없음
朱義植一二首(金天澤書)	같음	없음
金三賢五首(書없음)	金三賢作品(金天澤記)	없음
金聖器五首(金天澤書)	같음	없음
金裕器八首(金天澤書)	없음	없음
名妓八人	名妓九人(앞에 있음)	名妓九人(앞에 있음)
金天澤二二首(鄭潤卿書)	金天澤作品(鄭潤卿記·金壽長記)	없음
金壽長一六首(乙亥孟夏 張福紹書·金壽長書)	없음	없음
三一一首	三九四首	三二○首

(有名氏分만 가지고 對比한)

四、永言選의 編者와 編纂經緯

永言選은 朴氏本에만 있는 個人時調集으로 아직까지 學界에 알려진 바가 없는 새 資料로서 그 珍貴性이 있다。이는 序文의 記錄대로 英祖 三八年(一七六二) 가을에 漢城(現 大邱)에서 浪翁 韓維信의 손에 依하여 이룩된 作品集이다。그 編次는

○ 永言選序……崇禎三壬午(英祖 三八·一七六二)孟秋 後學上黨 韓維信謹書

○ 自作時調 一一首

○ 韓中楓歌叙跋……花溪 申功璿
○ 題永言選後……歲甲申(英祖 四〇·一七六四) 冬至日 清風 金敎默題
○ 題詠言選跋……歲乙酉(英祖 四一·一七六五) 四月 日 無名倚人書金福鉉
○ 題永言選後……沙伐散人稿
○ 題永言選後……丙戌(英祖 四二·一七六六) 春 巴陵散人 李賢書
○ 跋……丙戌春 鷺城退谷跋 朴師厚
○ 跋……丁亥(英祖 四三·一七六七) 九月初吉 稷下散人 書于江陽郡衙 沈祥雲
○ 跋……丁亥仲冬日 龍川行人書 등으로 되어 있다。

永言選의 編纂者 韓維信은 歌客 金裕器의 高弟子로 海東歌謠와 逸失된 金裕器의 永言選 등에서 影響을 받은 것이다。 이에 대하여 沙伐散人의 跋에는

「乙丙作 金遊逸拔 浪翁韓維信 倜儻人也 一日袖永言選一冊 踵門而言曰 此金裕器所蒐輯 海東歌謠也」

라고 하였으며, 또 韓維信의 永言選序에도

「仍出篋中所藏 永言選 及公之所自製新翻十餘闋 以示曰 此自是家路脈也」

라고 있어 金裕器가 엮은 永言選이 있었음을 말해준다。 그리고 清風 金敎默이 쓴 題永言選後에도 「吾老矣 篋中有永言選 此吾師衣鉢也」라고 韓維信이 朴水源에게 한 말을 적어 놓았다。

그러나 金福鉉의 題詠言選跋에는

「韓老 少從事於府 无所遇 獨以謌歌 閱今年七十餘 老且死於里巷 往往人洞鶴山中 或時月不歸云 間以其所蒐輯 永言選者 求余爲之一言」

이라 하였으니 그가 韓維信이 蒐輯한 永言選을 보고 쓴 것임을 알 수 있다。

또 李賢의 題永言選後에도 「惜乎 韓君蒐輯之功也」라고 했으며 沈祥雲의 跋에도

「洪城人 韓維信 學歌於京師人金裕器 老益自蒐輯 世俗所謂歌謠詩 丙人謂余曰 可跋也」

라고 하여 韓維信의 蒐集임을 말했다。

그러므로 現傳 永言選은 韓維信이 英祖 三八年(一七六二·壬午)에 自作時調 一一首를 編輯한 것을 英祖 四〇年(一七六四·甲申)부터 英祖 四三年(一七六七·丁亥)까지 四年間에 걸쳐 七名의 跋文을 받아 完成시킨 것이다。

五、本譜에 收錄된 新山 時調

朴氏本에 실린 時調 중 相當數가 다른 時調集에 收錄된 作品과 그 語錄·表記法·作者記名 등의 差異가 있다。 例컨대 金天澤의 作品에서

283 生前에 富貴홈은 一杯酒만 ᄒᆞ니 업고
死生 風流는 陌上花 ᄲᅮᆫ이어니
人生이 一場春夢이라 아니 놀고 어이리

는 歷代時調全書에 依하면 海一、靑周、靑珍、源六 등에 모두 無名氏로 되어 있으나 여기서는 그 作者가 南坡임을 보여 준다。 또 南坡의 作品으로

285 春秋에 日暖ᄒᆞ고 殿閣에 淸閒ᄒᆞ니
萬古 長夜는 이ᄂᆞ 세에 밝아질고

이즈미 唐虞ㅣ 世遠ᄒᆞ니 갈 곳 업서 ᄒᆞ노라

가 있는데 海一에는 無名氏로 되고, 終章도 「어즙어 大明中天을 다시 볼까 ᄒᆞ노라」로 變改되었으나 詞意의 順坦한은 朴氏本이 勝하다。

그리고 本書에만 新出한 金天澤의 時調 三首가 있으니 다음과 같다。

234 紅塵에 醉ᄒᆞᆫ 分네 精開 셔야 내말 듯어
一時 榮耀는 죠흔 法 잇젓만은
히 검은 宦海風浪은 어이ᄒᆞ더 ᄒᆞᄂᆞ니

289 濂溪에 비를 띄여 伊川을 건너가셔
明道세 길흘 무러 가는네로 가쟈스라
가다가 저물기든 晦菴의 가 자리라

294 眞實로 검고저 ᄒᆞ면 머리는 희는 게고
眞實로 희고저 ᄒᆞ면 ᄆᆞ옴은 검는 게고
이 두 일 서로 밧고면 無老無慾ᄒᆞ리라

또 金壽長의 作品 중에도 終章이 아주 다른 것 一首와 新出時調 七首가 있다。

309 天君이 泰然ᄒᆞ니 百體 從令이라
ᄆᆞ옴을 定ᄒᆞᆫ 後니 分別이 업거고야
쑴ㅅ튼 世界를 가지고 지다지 奔走ᄒᆞᆯ 줄이

이 時調의 終章이 海周에는 「온 몸에 病된 일 업ᄉᆞᆫ이 그를 죠화 ᄒᆞ노라」로 變改되어 있다。

299 絶頂에 오르다 ᄒᆞ여 ᄂᆞᄌᆞᆫ 듸를 웃지 말아
雷霆 된바람에 失足이 快이ᄒᆞ랴
우리는 平地에 안자시니 分別 업서 ᄒᆞ노라

303 百花ㅣ 爛熳開ᄒᆞ여 色色이 쟈랑ᄒᆞᆯ 제
端正ᄒᆞᆫ 石竹花는 可憐도 ᄒᆞ져이고
風霜이 섯거친 날에 鶴翎紫酢 君子ㅣ러라

305 父母 뫼신 分네 내 이 말 굿게 드러
大舜 曾參을 부디 스승 삼으시소
비혼 後 子孫에 傳ᄒᆞ여 굿치 말게 ᄒᆞ시소

306 功名도 貪치 마소 富貴도 브러 마소
人生 窮達이 하ᄂᆞᆯ에 미엿ᄂᆞ니
天地間 千百萬事를 되는 대로 ᄒᆞ리라

308 歷代 興亡事를 文字으로 記錄ᄒᆞ나
이 몸이 느지 나메 내 눈으로 못보왓쟈
아마도 斯世風流야 이 죠ᄒᆞᆫ가 ᄒᆞ노라

310 貧賤을 厭치 마소 일 업스면 긔 죠ᄒᆞ니
벗 업다 恨치 마소 말 업스면 이 죠ᄒᆞ니
아마도 守分安拙이 내 거신가 ᄒᆞ노라

311 검은고 다스리ᄒᆞ니 노래 몬져 깃츰이로다
中大葉 긴 ᄆᆞ디 宮의 商의 龍이로다
濯밧친 첫 ᄌᆞ즌한님혼 如意珠고 ᄒᆞ노라

그리고 金壽長의 作品末尾에는 張福紹의 跋이 있는데 「歲乙亥孟

夏之初 張福紹書于十州之觀德齋」라고 한 것을 海周本에는 「歲乙亥孟夏芳草之節 社谷居士 張福紹 書于花谷老歌齋」라고 적혀 있다。

또 金壽長自書(跋)는 新出인데 다음과 같다。

憶 昔古人之風俗 觀今諸君之豪游 浩浩大海之與滂滂細流川者也 良可寒心 至於三十年前 出林幽僻之處 瀑布長松之下 或三或五 盡日唱習 終爲成家者 多矣 未知斯世如何 而此類永絶 豈不嗟乎 好事者無 樂此者無 故恐其永滅 沈晦之地 不得已 自製短歌卄餘章 附尾於諸公之下 幸勿嚬蹙 恕其纖跡焉 乙亥孟夏之初十州金壽長書

끝으로 無名氏의 時調에도 五〇餘首의 新出作品이 있으나 紙面上 割愛한다。

또한 永言選의 序跋은 모두 韓維信의 作品 一一首와 아울러 新出이니 時調들만 移記하면 다음과 같다。

313 我東方 億萬蒼生 우리 님금 은덕이여
父生 母育과 어더 다혀 갑플소니
이 몸의 一日榮養도 또훈 君恩이샷다

314 平生의 癖癖濃情 山水間의 淸遊ㅣ러니
世事ㅣ 蹉跎ᄒᆞ니 白髮이 장ᄎᆞᆺ 누르럿다
두어라 有志者 事成이라 늙다 져물 어이리

315 動鶴山 누린 岩樹 有情도 훌세이고
大德山 鳥足峯이 龍虎를 눈화 잇다
이 듕애 風景 님자는 나 뿐인가 ᄒᆞ노라

316 山間 幽閑ᄒᆞᆫ 景을 내 혼자 님재어니
四時 佳興을 드토리 뉘 이시리
世上이 숨우지 너기나 논화볼 줄 이시랴

317 山中이 每樣이랴 江湖로 가쟈스라
蓬臺에 모든 麋鹿 못가게 셧도ᄂᆞᆺ다
烟浦의 多少白鷗는 곳곳마다 기ᄃᆞ리ᄂᆞ니

318 春風의 곳이 닐고 秋霜의 닙피 딘다
人生도 물이어니 너와 ᄯᅩᆺ치 ᄌᆞ니고져
슬프다 至極ᄒᆞᆫ 公道ㅣ라 넨들 져를 어이리

319 風塵의 모든 分너 暫間 내 말 드러 보소
百千 萬行이 다 쓰러 正心이니
다시금 (ᄆᆞᄋᆞᆷ) 工夫 긔 願인가 ᄒᆞ노라

320 城南 少年드라 存心ᄒᆞ여 드러스라
忠孝 操行을 恭儉 섯거 ᄒᆞ려니와
그러나 危亡이 갓가올 손 酒色인가 ᄒᆞ노라

321 功名도 念 밧기오 富貴 ᄯᅩᄒᆞᆫ 在天이라
竹杖 芒鞋로 無限江山 노니더니
仙狵이 月色을 즈으니 힝혀 옛가 ᄒᆞ로라

322 七十이 古來稀ᄅᆞ다 八十들히 거의로다
人世를 다 펼치니 鶴唳靑田 벗이로다
松關의 山果 든 蒼猿이 못내 즐겨 ᄌᆞᆺᄂᆞ다

323 東嶺의 月上ᄒᆞ니 萬壑이 一色이라
翠微를 겻틔 두고 層巖의 올나가니

北天의 紫微星 光明ㅎ니 聖代太平이로다

그리고 韓中樞歌叙跋 등 八篇의 後跋은 모두 本人들이 直接 써준 親筆이니 當時 大邱를 中心으로 한 歌壇의 形成樣相을 示唆해주는 唯一한 手澤本임을 알 수 있다.

六、結　言

끝으로 國文學界의 發展을 위하여 本書 廣布를 快諾한 所藏者 朴永弴님과 收支를 超越하여 影印刊行을 企劃한 奎章文化社 呂運鶴社長님께 深甚한 謝意를 表하며 參考文獻을 덧붙임으로써 前功을 致謝한다.

趙潤濟・歷代歌集 編纂意識에 對하야 震檀學報 第三卷 一九三五 震檀學會刊

・海東歌謠—古圖書解題— 朝鮮語學會報 第三號 一九三二 朝鮮語學會刊

李秉岐・靑丘永言과 海東歌謠 國語文學 第二號 一九五二 全北大學刊

鄭炳昱・海東歌謠의 編纂過程小考 一石 李熙昇先生頌壽紀念論叢 一九五七 一潮閣刊

・海東歌謠 韓國의 名著 一九六九 玄岩社刊

姜銓燮・海東歌謠의 形成過程 語文論志 第一輯 一九七二 忠南大學刊

黃忠基・海東歌謠錄考 국어국문학 六二・六三 합병호 一九七三 국어국문학회刊

・海東歌謠 一石本에 대하여 국어국문학 六四호 一九七四 국어국문학회刊

權斗煥・金壽長硏究 서울大學院 碩士學位論文 一九七三

李花寧・金壽長의 時調文學硏究 明知大學院 碩士學位論文 一九七四

崔東元・海東歌謠 「古今唱歌諸氏」에 대한 考察 睡蓮語文論集 一九七六 釜山女大刊

朴永弴・海東歌謠 異本書誌小考와 因緣記 韓國文學 通卷六三號 一九七九 韓國文學社刊

拙　稿・異本 海東歌謠 및 永言選考察 韓國文學 通卷六三號 一九七九 韓國文學社刊

一九七九年 一月

明知大學敎授・文學部長
韓國傳統文化硏究所長

文學博士　李　相　寶

海東歌謠 附永言選

表紙 前面

表紙 後面

海東歌謠序

夫文章詩律刊行于世傳之永久歷千載而猶有所未泯者至
歌謠則如花卉榮華之飄風鳥獸好音之過耳也一時諷詠於口而
自然沉晦未免湮沒于後豈不惜哉自麗季至國朝以來名公
碩士及閭井閨秀無名氏之作一一蒐輯正訛繕寫釐爲一卷
名之曰海東歌謠使凡當世之好事者口誦心惟手披目覽
以當廣傳焉十洲書于甲戌之夏

我東所作歌曲專用方言間雜文字率以諺書傳[illegible]
蓋方言之用在其國俗不得不然也其歌曲雖不能與
國樂[illegible]比並然亦有可觀而可聽者[illegible]
[illegible]

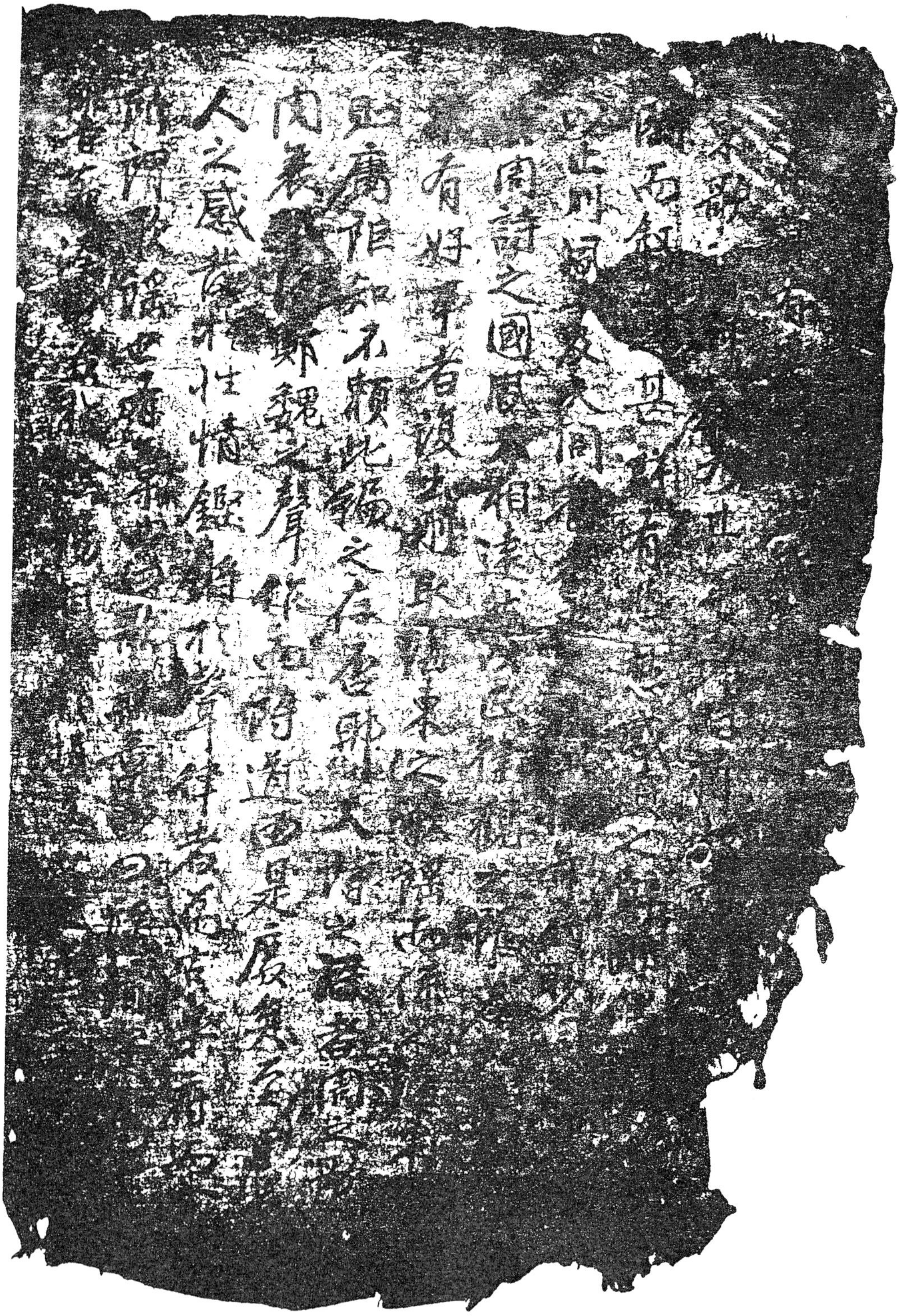

能善其聲每遇於[illegible]

可與言歌奚天澤亦醒然歡息衣[illegible]大澤以歌

當世為[illegible]不休其韻自哲其聲若戰[illegible]如[illegible]

年[illegible]忌外有聰明絶[illegible]能若是非其敢也

悽然緩者舒然如鳥停雲飄風[illegible]而[illegible]

悠為旅[illegible]其[illegible]世之[illegible]

[illegible]人豪士之[illegible]而能[illegible]其[illegible]

其[illegible]也[illegible]

請余以跋其尾[illegible]

亦不[illegible]

作自比如[illegible]
古秦青韓娥之歌者[illegible]
音繞梁欐三日不絕[illegible]
嘗人[illegible]
平調雄深和[illegible]黃鍾[illegible]
羽調清壯激[illegible]
界面調哀寃[illegible]
[illegible]

加

羽調清壯 雪淨胡天牧馬還月明羌笛戍樓間借問梅

花何處落風吹一夜滿關山

界面調 洞庭西望楚江分水盡南天不見雲日落長沙

秋色遠不知何處弔湘君

平聲哀而安上聲厲而舉去聲清而遠入聲直而促

청산도 절로절로 녹수도 절로절로

산 절로 수 절로 산수간에 나도 절로

4 3 2 1

海東歌謠

初中大葉

오늘이 오늘이쇼셔 每日에 오늘에 오늘이쇼셔
도 마르고 새[illegible] 晝夜長常에 오늘이쇼셔

二中大葉

입아 楚사름들아 네 님굼이 어듸 가니 六里靑山이 뉘 싸히
닷 말고 우리도 武關 자든 後ㅣ니 消息 몰라 ᄒᆞ노라

三中大葉

[illegible]虛로 심어울손 아마도 [illegible]
[illegible] 使人[illegible]

눈이 ᄒᆞ마 ᄉᆞᆯ타 출ᄒᆞ고 아조곳에 ᄯᅥ갈 박 새울가 ᄒᆞ노라

二[illegible]殿

5 ○ 오차 내 黃毛筆을 먹을 ᄭᅮᆯ쳐 窓밧긔 지거고나 이제 도라가면 어들
法 잇것마ᄂᆞᆫ 아모나 어더가져셔 그려보면 알리라

初數大葉

6 ○ 어져 내 일이야 그릴 줄을 모로던가 이시라 ᄒᆞ더면 가랴마ᄂᆞᆫ 제
구ᄐᆞ여 보내고 그리ᄂᆞᆫ 情은 나도 몰나 ᄒᆞ노라

列聖御製

太宗大王　作此歌唱以要鄭圃隱之席節

7 이런들 엇더ᄒᆞ며 져런들 엇더ᄒᆞ리 萬壽山 드렁츩이 얼거
진들 긔엇더리 우리도 이ᄀᆞ치 얼거져 百年ᄭᆞ지 누리리라

[illegible]宗大王

8

[illegible]다 ᄇ티 갈다 ᄒ[illegible]

[illegible]을 ᄒ얏ᄂ나 그려도 ᄒ여도 [illegible]

9

孝宗大王

淸江에 비 듯ᄂ 소릐 긔 무엇시 우읍관ᄃ 滿山紅綠이 휘드르며

웃ᄂ고야 두어라 春風이 몃날이리 우을ᄃ로 우어라

10

靑石嶺 지나거다 草河溝ㅣ 어듸메오 胡風도 ᄎ도 ᄎ샤 [illegible]

ᄂᆞᆫ므스일고 뉘라셔 내 行色 그려내야 님 계신 ᄃ 드릴고

11

朝天路 보뫼닷 말가 玉河關이 뷔닷 말가 大明崇禎 [illegible]

시건고 三百年 事大誠信이 [illegible]이런가 ᄒᆞ노

12

[illegible]가 야 사름되라 온 몸에 [illegible] 짓[illegible]

[illegible] 계신 九重[illegible] [illegible]

15 14 13

麗史 [illegible]

李穡 字穎叔号牧隱 [illegible] 門下侍中 [illegible]

白雪이 잣자진 골에 구룸이 머흐레라 반가온 梅花는 어ᄂᆡ 곳에 픠엿ᄂᆞᆫ고

夕陽에 홀노 셔셔 갈 곳 몰나 ᄒᆞ노라

鄭夢周 字達可 号圃隱 [illegible] 門下侍中 入本朝 [illegible]

이 몸이 주거 주거 一百番 고쳐 죽어 白骨이 塵土 되여 넉시라도 잇고

업고 님 向ᄒᆞᆫ 一片丹心이야 가실 줄이 이시랴

麗史曰 太宗設宴邀致鄭夢周 至酒闌 太宗把盃作歌

觀夢周之意 夢周作此歌以和 太宗知其終不變也

孟思誠 江湖四時歌 字誠之 号東浦 [illegible] 入本朝 [illegible]

16 江湖에 봄이 드니 미친 興이 절로 난다 濁醪溪邊에 錦鱗魚ㅣ 安酒ㅣ
로다 이몸이 閑暇ᄒᆡ옴도 亦君恩이샷다

17 江湖에 녀름이 드니 草堂에 일이 업다 有信ᄒᆞᆫ 江波ᄂᆞᆫ 보내ᄂᆞ니
ᄇᆞ람이로다 이몸이 서ᄂᆞᆯᄒᆡ옴도 亦君恩이샷다

18 江湖에 ᄀᆞ을이 드니 고기마다 ᄉᆞᆯ져 잇다 小艇에 그믈 시러 흘리
더져두고 이몸이 消日ᄒᆡ옴도 亦君恩이샷다

19 江湖에 겨울이 드니 눈 깁희 자히 남다 삿갓 빗기 쓰고 누역으로
옷슬 삼고 이몸이 칩지 아님도 亦君恩이샷다

本朝

金宗瑞 字 号節齋 太宗朝官至領相

20 朔風은 나모 긋희 불고 明月은 눈 속에 찬듸 萬里邊城에

21 成[illegible] 號梅竹堂

22 首陽山바라보며夷齊을恨ᄒᆞ노라 주려[illegible]
ᄒᆞ는것가 아무리 푸새엣거신들 긔뉘[illegible]

23 이몸이주거가셔 무어시될고ᄒᆞ니 蓬萊山第一峯[illegible]
다가 白雪이滿乾坤ᄒᆞᆯ제 獨也青青ᄒᆞ리라

朴彭年 字仁叟 世宗朝官至參判

24 가마귀눈비마자 희는듯검노매라 夜光明月이[illegible]오랴
向主 一片丹心이야 變ᄒᆞᆯ줄이 이시랴

王邦衍 世宗朝金吾郎

25 千萬里머나먼길헤 고은님여희옵고 내모[illegible]

이샤 겨을도 내안ᄀᆞᆺ도다 우러 맘 갈 비 [illegible]

李賢輔 效嚬歌 字 號聾巖 燕山朝官至判中樞府事

歸去來〻〻ᄒᆞ되 말뿐이오 가리 업싀 田園이 將蕪ᄒᆞ니 아니 가고 엇지ᄒᆞᆯ고 草堂에 淸風明月이 나며 들며 기ᄃᆞ린다

嘉靖壬寅秋 聾巖翁 始解圭組 出國門 賃舡飮餞于漢江 臥舟上 月出山東 微風乍起 詠陶彭澤舟搖〻而輕颺 風飄〻而吹衣之句 歸興益濃 怡然自笑 乃作此歌 〻本淵明欲未辭而作 故稱效嚬

聾巖에 올라보니 老眼이 猶明이로다 人事ㅣ 變ᄒᆞᆫ들 山川이ᄯᆞᆫ 가실손가 巖前에 某水某丘ㅣ 어제 본 ᄃᆞᆺ ᄒᆞ여라

翁仕於京 始還于鄕 登聾巖周覽山川 不無今昔之感 而[illegible]

[illegible] 東[illegible]之衣 [illegible]

28 지멋이오 年年에 오날이 亦君恩이샷다

七月晦日是余初度之辰兒孫輩每於此日設酌以慰余辛亥

秋別設盛宴鄉中父老四鄰邑宰俱會大張伎具秩起酬酢終日

酔舞各自唱歌翁亦和答此其所作也翁之今年七十七歲致仕

亦過一記其晩年去就進退行迹盡于此三短歌 書自語

嘉靖癸丑清和節既望崇政致仕永川李賢輔書于聾巖

閣

漁父歌五章　失名

29 이中에 시름업스니 漁父의 生涯로다 一葉扁舟를 萬頃波에 띄워

두고 人世를 다니젓거니 날가는줄을 알랴

30 ○구버는 千尋綠水 도라보니 萬疊靑山 十丈紅塵이 언매나

閑는고 江湖에 月白ᄒ거든 더옥 無心ᄒ얘라

31 ○ 青荷에 밥 ᄊ고 綠柳에 고기 쎄여 蘆荻花叢에 ᄇ 믜야 두고 [illegible]
淸意味를 어ᄂ 分이 아르실고

32 ◎ 山頭에 閒雲이 起ᄒ고 水中에 白鷗 飛라 無心코 多情ᄒ니 이두
시로다 一生에 시름을 닛고 너를 좃차 노로리라

33 ◉ 長安을 도라보니 北闕이 千里로다 漁舟에 누어신들 니즌 [illegible]
소냐 두어라 내 시름 아니라 濟世賢이 업스랴

右漁父歌兩篇不知爲何人所作余自退老田間心閒無事裒[illegible]
古人觴詠間可歌詩文若干首教閱婢僕時時聽而消遣
兒孫輩晩得此歌而來示余[illegible]其詞語閒適意味深[illegible]
詠之餘使人有脫略功名飄飄遐舉塵外之意得此之後
棄其前所玩[illegible]

[illegible]

多不倫或重疊必其[illegible]此非聖賢[illegible]

改一篇十二章去三爲九作長歌而詠焉一篇十章約作短歌

五闋爲葉而唱之合成一部新曲非徒刪改添補處多亦

各因舊文本意而增損之名曰聾巖野錄覽者幸勿以[illegible]

咎我也時嘉靖己酉夏六月流頭後三日雪鬢翁聾巖主

人書于汾江漁艇之舷

世所傳漁父詞集古人漁父之詠間綴以俗語而爲之長

凡十二章而作者名姓無聞焉往者安東府有老妓能唱此

叔父松齋先生時召此妓使歌之以助壽席之歡滉時尚少心

嘉之錄得其槩而猶恨其未爲全調也厥後存沒推遷

杳不可追而身墜紅塵益遠於江湖之樂思欲更聞此詞

興而忘憂也在京師遊蓮亭常徧同而歷訪之解老伶頗唱莫
有能解此詞者以是知其好之者鮮矣頃歲有密陽朴浚者名
知衆音凡係東方之樂或雅或俗靡不裒集爲一書刊行
于世此詞與霜花店諸曲混載其中然人之聽之於彼則手舞
足蹈於此則倦而思睡者何哉非其人固不知其音又焉知其樂
乎我聾巖李先生年踰七十即投紱高厲退閒於汾水之濱
召不起等富貴於浮雲寄雅懷於物外常以小舟短棹嘯傲於
烟波之裡徘徊於釣石之上狎鷗而忘機觀魚而知樂則其於
湖之樂可謂得其真矣佐郎黃君仲擧於先生親且厚嘗於朴浚
書中取此詞又得短歌之漁父作者十闋并以爲獻先生得而玩之喜
愜其素尚而猶病其未免冗長也於是刪改補撰約十爲五而付之
侍兒習而歌之每遇佳賓好景憑欄臨[illegible]

歌詠唱酬[illegible]人[illegible]

旣得其真樂宜好其真聲[illegible]若世俗之人悅鄭衛

玉樹而傷志者比耶 先生常手寫此本不啻下示且責以跋 請

身致棘駒盟寒沙鳥何敢語江湖之樂論漁釣之事乎辭之至

具而命之不置不獲已謹書所感於其尾以塞勤命之萬一柔

所識以朝市眷惡之徒而山林獨往之語滉之謂矣是歲臘

望豊基守李滉拜手敬書于郡齋

徐敬德 字可久號花潭 中廟朝授職

34 ᄆᆞ음이 어린 後ㅣ니 ᄒᆞᄂᆞᆫ 일이 다 어리다 萬重雲山에 어ᄂᆡ 님 오리

은 지ᄂᆞᆫ 닙 부ᄂᆞᆫ ᄇᆞ람에 힝혀 긘가 ᄒᆞ노라

李彦迪 字復古號晦齋 中宗朝官至左贊成

35 天覆地載ᄒᆞ니 萬物의 父母ㅣ로다 父生母育ᄒᆞ시니 [illegible]

이天地졔天地ᄉᆞ이에늘글뉘로모로리라

曺植 字楗中號南溟中宗朝以遺逸累拜不就

36 頭流山兩端水를 녜듯고이제보니 桃花뜬ᄆᆞᆯ근물에山影조차잠
겨셰라 아희야 武陵이어듸오나ᄂᆞᆫ옌가ᄒᆞ노라

37 三冬에뵈옷닙고 巖穴에눈비마쟈구룸낀볏뉘를쬔적
업건마ᄂᆞᆫ 西山에 ᄒᆡ지다ᄒᆞ니눈물계워ᄒᆞ노라

洪暹 字退之號忍齋中宗朝官至領相

38 玉을돌이라ᄒᆞ니 그려도애두래라 博物君子ᄂᆞᆫ 알법이 잇
마ᄂᆞᆫ 알고도 모로ᄂᆞᆫ쳬ᄒᆞ니그룰슬허ᄒᆞ노라

李滉 陶山六曲 字景浩號退溪中宗朝[illegible]

39 이런들엇더ᄒᆞ며 저런들엇더ᄒᆞ료 草野愚生이 이러타
[illegible]

烟霞로 집을 삼고 風月로 벗을 [illegible]
ㅏ이 中애 ᄇᆞ라노일은 허믈이나 업고쟈

○ 淳風이 죽다ᄒᆞ니 眞實로 거즛말이 人性이 어지다ᄒᆞ니
眞宗로 올흔 말이 天下애 許多英才를 소기 말솜ᄒᆞᆯ까

○ 幽蘭이 在谷ᄒᆞ니 自然이 듯지됴히 白雲이 在山ᄒᆞ니 自然이 보기
됴회 이中애 彼美一人을 더옥 닛지 못ᄒᆞ애 노라

○ 山前有臺ᄒᆞ고 臺下에 有水ㅣ로다 ᄣᅦ만ᄒᆞᆫ 갈며기난 오명가명
ᄒᆞ거든 엇더타 皎皎白駒는 머리 ᄆᆞ옴 ᄒᆞ는니

○ 春風에 花滿山ᄒᆞ고 秋夜에 月滿臺라 四時佳興이 사ᄅᆞᆷ과
가지라 ᄒᆞ믈며 魚躍鳶飛雲影天光이야 어니 그지 이시리

○ 天雲臺도라드러 玩樂齋蕭灑ᄒᆞᆫ듸 萬卷生涯로 樂事無窮ᄒᆞ여
라 이中애 往來風流를 닐러 므슴 ᄒᆞᆯ까료

46 雷霆이破山ᄒᆞ여도 聾者ᄂᆞᆫ못듯ᄂᆞ니 白日이中天ᄒᆞ여도 瞽者ᄂᆞᆫ
못보ᄂᆞ니 우리ᄂᆞᆫ耳目聰明男子로 聾瞽ᄀᆞᆺ지마로이다

47 古人도날못보고 나도古人못뵈 古人을못뵈도 녀ᄃᆞᆫ길알ᄑᆡ잇ᄂᆡ
녀ᄃᆞᆫ길 알ᄑᆡ잇거든 아니녀고엇뎔고

48 當時에녀던길흘 몃ᄒᆡ를ᄇᆞ려두고 어듸가ᄃᆞᆫ니다가 이제야도라온고
이제야 도라오나니 년ᄃᆡ ᄆᆞᄋᆞᆷ 마로리라

49 靑山ᄂᆞᆫ엇뎨ᄒᆞ여 萬古에프르르며 流水ᄂᆞᆫ엇뎨ᄒᆞ여 晝夜에긋지아니ᄂᆞᆫ고 (훋녀)
우리도 그치디마라 萬古常靑호리라

50 愚夫도알며ᄒᆞ거니 긔아니쉬운가 聖人도못다ᄒᆞ시니 긔아니어려온가
쉽거나 어렵거나中에늙ᄂᆞᆫ주를몰래라

右陶山十二曲者陶山老人之所作也老人之作此何爲也哉吾東[illegible]
歌曲大抵淫哇不足言如翰林別曲之類出於文人之[illegible]

矜豪放蕩[illegible]

者歌世所盛傳猶爲彼善於此亦惜乎其有玩世不恭之意而少溫

柔敦厚之實者也老人素不解音律而猶知厭聞世俗之樂閒居

養疾之餘凡有感於情性者每發於詩然今之詩異於古之詩可詠

而不可歌也如欲歌之必綴以俚俗之語蓋國俗音節所不得不然

也故嘗略倣李歌而作爲陶山六曲者二焉其一言志其二言學

使兒輩朝夕習而歌之憑几而聽之亦令兒輩自歌而自舞蹈

庶幾可以蕩滌鄙吝感發融通而歌者與聽者不能無交有益

顧自以蹤跡頗乖若此等閑事或因以惹起鬧端未可知也又未信

以入腔調諧音節與未也姑寫一件藏之篋笥時取玩以自省又以

待他日覽者之去取云爾嘉靖四十四年乙丑暮春既望山老書

宋純字 號俛仰亭中宗朝官至[illegible]

51 風霜섯거친날에 ᄀᆞᆺ픠온黃菊花를 金盆에ᄀᆞ득담아 玉堂

에보내오니 桃李야 곳이온양마라 님의ᄠᅳᆺ을알괘라

宋寅 字明仲號頤菴中廟朝駙馬礪城尉

52 이런쟈런ᄒᆞ니 이른일이므ᄉᆞ일고 흐롱하롱ᄒᆞ니 歲月이거의

다 두어라 已矣〃 어니아니놀고어이리

53 들은말 卽時닛고 본일도못본드시 내人事이러홈애 남의是

모ᄅᆞ로다 다만지손이 성ᄒᆞ니 盞잡기만아노라

54 ᄒᆞᆫ도셜ᄒᆞᆫ날에 盞을아니노홧노라 풀病도아니놀고업ᄉᆞ도아

니난다 두어라 病업슨덧으란 長醉ᄒᆞ리라

李後白 字季眞號青蓮 明廟朝官

55 蒼梧山聖帝魂이 구름조차

李陽元 字[illegible]號鷺渚明宗朝官領相

56 놉프나놉픈남게 날勸ᄒᆞ여올려두고 이보오벗님네야 흔드지나마오
되야 · 죽기는 셟지아니되 님못볼가ᄒᆞ노라

鄭澈 字季涵號松江明宗朝官至左相

57 님금과ᄇᆡᆨ姓과ᄉᆞ이하ᄂᆞᆯ과ᄯᅡ히로되 나의셜운일을다아로려ᄒᆞ
시거든우린들 슬진민아리를혼자어이어그리

58 어버이사라신제 셤길일란다ᄒᆞ여라 지나간後ㅣ면애ᄃᆞᆲ다엇지ᄒᆞ리
주生에 곳쳐못ᄒᆞᆯ일이이분인가ᄒᆞ노라

59 네아들孝經닑더니 어도록비화ᄂᆞ니 내아들小學은모리면못ᄎᆞ
로다 어늬제 이두글비화어질거든보려뇨

60 예서ᄂᆞ래를드러 우세번만븟ᄎᆞ면은 蓬萊山第一峯에고은님보련마는
ᄒᆞ다가 못ᄒᆞ는일은ᄂᆞᆯ러므슴ᄒᆞ리오

61 나몸허러내여 ᄣᅢᆺ믈에ᄯᅴ오고져 이믈이우러녜여漢江여흘되다
ᄒᆞ면 그졔야 님그린내病이歇ᄒᆞᆯ法도잇ᄂᆞ니라
62 輿三이數ㅣ업스니 帶方城이秋草ㅣ로다 나모로 지난일란牧笛
에붓쳐두고 이조ᄒᆞᆫ 太平烟花에 ᄒᆞᆫ盞ᄒᆞ되 드을잇리라
63 南極老人星이 息影亭에비최여셔 滄海桑田이슬ᄏᆞ장뵈
도록 가지록새빗츨내야 그믈뉘를모로ᄂᆞ다
64 靑天구룸밧긔 놉피ᄯᅥᆺᄂᆞᆫ 鶴이러니 人間이조토냐 므스므라 ᄂᆞ려
ᄂᆞ려온다 長깃치다ᄯᅥ러지도록ᄂᆞ라갈줄모로ᄂᆞ다
65 長깃치다지게야 ᄂᆞ래를고쳐드러 靑天구룸속에소소ᄯᅥ올
온말이 싀훤코훤츨ᄒᆞᆫ 世界를다시보고말와라
66 新院ㄷ主ㅣ되야 녈손님지쉬옵ᄂᆞ니 가거니오거니 人事도 만컨마ᄂᆞᆫ 하도
안자서 보노라 ᄒᆞ니 愛閑ᄒᆞ야 ᄒᆞ노라

67 [illegible]
도라 紅蓼花 白蘋洲 …

68 新院 院主ㅣ 되야 柴扉를 고쳐 닷고 流水 靑山을 벗삼아
것노라 아희야 碧蹄에 손이라커든 날 나가다 ᄒᆞ여라

69 내 採姿 ᄂᆞᆷ만 못ᄒᆞᆫ 줄 나도 暫間 알것마는 臙脂도 보려
도 아니 미니 이러고 괴(올)일 ᄯᅳ슨 專ᄒᆞᆫ가 아니 먹노라

70 나ᄆᆞᆯ 病이 드니 亭子ㅣ라 쉬리 업다 豪華ᄒᆞ여신 제
가리다 쉬더니 닙 지고 柯枝 저근 後ㅣ니 새도 (벌은) 아니 온다

71 어화 버힐씨고 落落長松 버힐씨고 져근덧 두던들 棟樑
리려니 어즈바 明堂이 기울거든 므어스로 밧치려뇨

72 中書堂 白玉盃를 十年만에 다시 보니 ᄆᆞᆰ고 흰 빗츤 녜로론 듯ᄒᆞ다
마는 엇더타 사ᄅᆞᆷ의 ᄆᆞᄋᆞᆷ은 朝夕 變를 ᄒᆞᄂᆞᆫ고나

73 ○재너머成勸農집의 술닉닷말어제듯고 누은쇼발로박차언
치노화 지즐투고 아희야네勸農계시냐鄭座首왓다솔와라

74 ○어화棟樑材를 져리ᄒᆞ야어이ᄒᆞᆯ고 헐ᄯᅳ더기운집의 議論도하도
하다 뭇지위 慶子자만들고혬ᄯᅳ다가말려ᄂᆞᆫ다

75 ○風波에일리ᄂᆞᆫ 그비 어드러로가닷말고 구룸이머흘거든 쳐
에날쥴어이ᄒᆞ슐ᄒᆞ비 가진分네ᄂᆞᆫ 모와操心ᄒᆞ시소

76 ○져긔섯노져늘근ᄂᆞᆷ무 셤도세샤길ᄒᆞ의 가져고ᄃᆞᆺ든 모리ᄒᆞᆫ져근
형에서고라자 ᄉᆞᆺ되고刀操메ᄂᆞᆫ네ᄂᆞᆫ다지그고ᄒᆞᆫ나

77 ○ᄆᆞ올사ᄅᆞᆷ들아 올ᄒᆞᆫ일ᄒᆞ자ᄉᆞ라 사ᄅᆞᆷ이되여나셔올치
옷못ᄒᆞ면 ᄆᆞᆯ쇼를갓곳갈싀워 밥머기나다ᄅᆞ랴

右松江相國鄭文清公所著也 今詩翻清新警拔 [illegible]
人口而驚 [illegible] 成東[illegible]

之楚騷子瞻[illegible]

韻清楚意旨超忽[illegible]見其[illegible]乎如[illegible]御[illegible]

至其愛君憂國之誠則又且寫出於辭語之表至使人[illegible]

愴而興歎焉背[illegible]出天忠義間世[illegible]其孰能與於此[illegible]

公以耿介之性正直之行而適會黨議大興讒構肆行上而得

罪於君父下以見嫉於同朝流離竄謫幾死幸全而其

詬罵至身後猶甚昔子瞻之遭四凶世[illegible]尚可謂極矣

愛君篇什猶能見賞於九重而公則無此而終不能上

抑何其不幸之甚歟清陰金文正公嘗論公始末而比之

徒之忠此誠至言哉世閒舊有公歌曲之刊行者而頃年代

久且經兵燹遂失其傳誠可惜也余以無狀得罪明時[illegible]

孫天涯遠謫君親案無以寓懷乃於澤畔行吟之暇[illegible]

此篇正訛繕寫置諸案頭時一諷誦其於排遣不爲無助盖亦僭擬於
朱夫子楚辭集註之意遺云爾時庚子元月上澣完山後人李
選書于東城之幽蘭軒

李珥 高山九曲歌 字叔獻號栗谷明宗朝官至贊成

○高山九曲潭을 사람이 모로더니 誅茅卜居ᄒ니 벗님ᄂ 다오신다
즈아 武夷을 想象ᄒ고 學朱子을ᄒ리라

高山九曲潭世人曾未知誅茅來卜居朋友皆會之武夷仍想象
所願學朱子 尤菴

五百天鍾地炳靈栗翁資禀粹而清高山九曲幽深處泪瀞
寒流點瑟聲 尤菴

○一曲은어듸메고 冠巖에 해비친다 平蕪에 너거니드니 遠山이 그림이로다
松間에 綠樽을 노코 벗오는양 보노라

81 80

[illegible]色照平蕪煙斂後[illegible]山[illegible]如畫松間[illegible]

追佇友人来、 尤菴

一曲松間漾玉冠(船)巖初月映前川携節坐待佳朋至遠峀平蕪春

曙煙 文谷

二曲은어듸메고 花巖에春晩커다 碧波에곳을띄워野外로보내노

라 사람이 勝地를모로니알게ᄒᆞᆫ들엇더리

二曲何處是花巖春景晩碧波泛花野外流去勝地人不覺

人知如何 尤菴

二曲仙巖花暎峯碧波流水漾春容落紅解使漁郎識休說

林深隔萬重

三曲은어듸메고 翠屛에닙픠엿다 綠對山鳥는上下其音ᄒᆞᄂᆞᆫ적의

盤松이바람을바드니녀름景이업세라

三曲何處是翠屛葉已數綠對有山鳥下上其音時盤松受
清風頓無夏炎熱 尤菴

三曲曾聞詠堅船上游移櫂問何年山禽解說滄桑事下上其音
正可憐 丈岩

○四曲은어듸매고 松崖에 ᄒᆡ넘거다 潭心巖影은 온갓빗치 잠겨셰라
林泉이 깁도록 조ᄒᆞ니 興을계워ᄒᆞ노라

四曲何處是松崖日西沉潭心巖影倒色色皆蘸之林泉深更好
幽興自難勝 尤菴

四曲松崖萬丈巖日斜林影翠毵毵怡情正在幽深處雲白山青
集一潭 聽村

○五曲은어듸메고 隱屛이 보기 조희 水邊精舍는 瀟灑ᄒᆞ기도ᄀᆞ이업다
이中에 講學도ᄒᆞ려니와 詠月吟風ᄒᆞ오리라

85　84

五曲何處[illegible]屛最好看水邊精舍在淸[illegible]意無極[illegible]
常講學詠月吟風

五曲雲煙深復深武夷精舍比山林翛然杖屨淸溪上誰會吟
風詠月心

○六曲은어듸메고 釣峽에 물이 넙다 나와 고기와 뉘야 더옥 즐기는고
黃昏에 낙대를 메고 帶月歸를 하노라

六曲何處是釣峽水邊潤不知人與魚其樂孰爲多黃昏荷
聊且帶月歸

六曲春深釣綠灣歸時溪月照松關濠梁上下天機活魚[illegible]
忘果孰閒

○七曲은어듸메고 楓巖에 秋色이 죠타 淸霜이 엷게 치니 絶壁이 錦繡로
다 寒巖에 혼자 안자셔 집을 잇고 잇노라

七曲何處是楓巖秋色[illegible]
時聊柰且忘家
七曲楓巖倒碧灘錦屛秋色鏡中看[illegible]
風拂面寒

○八曲은어듸메고 琴灘에도이로다 玉軫金徽로 [illegible]曲을노[illegible]
古調를 알리업슴 혼자즐겨ᄒᆞ노라
八曲何處是琴灘月正明玉軫與金徽聊奏數曲古調無[illegible]
何妨獨自樂
八曲溪山何處開琴灘終日好[illegible]
天霽月来

○九曲은어듸메고 文山[illegible]

九[illegible]何處文山處[illegible][illegible]古巖與怪石雲[illegible][illegible][illegible]
来護謂無佳景　不嘗
九曲文山處皓然奇形摠盡舊山川遊人護說無佳景未嘗
窮尋此洞天

高山九曲潭記

栗谷先生於余弱冠師友也公既爲世大儒尊用於朝不安
未究卒今二十五年矣顧余一無用物耳老而不死適與
景臨生遇於西原倚竹世故談不足而滯有餘生病請余
記公故居海之高山九曲潭者余自公卜居之初佩銅郡縣
遷往宗熟所謂九曲潭者未嘗不在夢想之中復指生
揭列其次述之曰第一曲爲冠巖離州城西洞四十里其距海門
二十里山頭有立石若冠焉者而卓然後以名意亦取夫冠始之

義乎自此以往山勢逶迤溪水並之而其陡絶處不必澄潭足
爲隱者之所盤旋蓋有山邨數家始見焉茅二曲爲花巖
自冠巖五里許巖峯石峙皆花如山榴者藂生故名後西山村可
十年餘家茅三曲爲翠屛自花巖三四里許巖逾奇而翠
圍如屛狀故名屛前小野洞中人農焉野中有盤松一蓋下可坐
百人屛北士人安氏家焉茅四曲爲松崖自翠屛三四
里許石壁千尺其上松林翳日故名潭心有石半露
形者曰船巖上可坐八人士人朴氏對而家焉蓋從谷入洞
茅五曲爲隱屛自松崖二三里許石峯高圓明麗特
異潭邊底皆若砥而影之水者屛之義觀前而隱又近目
諸身以托退休之義乎公始卽石潭居之略以備栖息之所
受業益衆則相與謀爲可以用處硯設益備則尊先

耳宜各小記而[illegible]道之[illegible]有詩不暇[illegible]鈞溪者自[illegible]
四里許桃溪之巖多[illegible]釣漁磯故名而曲之第六曲者也
若楓巖者自釣漁二三許里生巖皆楓林被之霜後絢如霞蔚故
名而曲之第七者也下有吳家村桀柘[illegible]隱然一画圖中若
琴灘者灘聲冷然象琴之響節故名而曲之第八者也若
山文者因舊名而已爲第九曲終焉公存世人爲地之靈
在茲乎且九者純德之數也余少也知公之字宗應九
山舊名偶符斯文于是而不曰造物者未是不具於其間歟
信也朱子居閩之武夷山則有九曲洞天公居海之高山則有九
曲巖川宣東南萬里五百道一氣脈自相貫通然[illegible]若天孚在
竟以未家公受禍實悋而山林水居且不免爲則於國運

余甞承余之知公琳故聞嵐而興者也夏既九淵不可作譔詠
詠於九曲之清流而獨有同學文字爲公發之可以格律於
奕於九曲之陳迹然且遠乎不能卷所以而畀之景臨安帰書
詹楣之間愴哉崔岦記

金玄成 字餘慶號南窓明宗朝官至同敦寧

88 오ᄂᆞᆯ이쟈 오ᄂᆞᆯ이야 즐거온쟈 今日이야 즐거온 오ᄂᆞᆯ이 행여
어졈을셰라 每日에 오ᄂᆞᆯ곳트면 므슴 시름이 잇시랴

徐益 字君受號萬竹亭 宣廟朝官至牧使

89 ○이뫼흘허러내여 져바다흘메오면은 蓬萊山고온님을 혀려가노
보련만도 精衛鳥 굿티여 애잔알만 ᄒᆞ노라

90 綠草晴江上에 구레 벗은 몰이되야 ᄯᅢᄯᅢ로 머리드러 北向ᄒᆞ여 우
듯은 夕陽이 재를 넘어가매 님자 그려 우노라

91 洪迪 字太古 號荷衣子 宣廟朝 官至舍人

어제 오던 눈이 沙堤에 오돗던가 눈이 모래 갓고 모래도 눈이로다
아마도 世上 일이 다 이런가 하노라

92 李德馨 字明甫 號漢陰 宣廟朝 官至領議政

큰盞에 가득 부어 醉토록 먹고 먹어 萬古英雄을 손곱아 혜여
보니 아마도 劉伶 李白이 내 벗인가 하노라

93 李恒福 字子常 號白沙 宣廟朝 官至領相 封鰲城府院君

時節도 저러하니 人事도 이러하다 이러하거니 어이 저러 아닐쏘
냐 이런자 저런자 하니 한숨 계워 하노라

94 長沙王 賈太傅여 눈물도 여릴씨고 漢文帝 昇平時에 痛哭은 므스 일고
우리도 그런 때 만나시니 어이 울고 [illegible]하노라

95 鐵嶺 놉흔 재에 쉬여 넘는 져 구룸아 孤臣寃淚를 비 삼아 씌여다가

가 님계신 九重深處에 뿌려볼가 하노라

林悌 字子順 號白湖 宣廟朝官至正郎

96 ◎ 北天이 맑다커늘 雨裝업시 길을 나니 山에는 눈이 오고 들에 찬
비로다 오늘은 찬비 마자시니 어러잘가 하노라

97 ◎ 青草 우거진 골에 자나냐 누엇나냐 紅顔을 어듸두고 白骨
만 뭇쳣나니 盞잡아 勸하리 업스니 그를 슬허하노라

李濟身 字夢應 號清江 宣廟朝官至本判

98 ◎ 天地도 唐虞적 天地 日月도 唐虞적 日月 天地日月이 古今에 同
호되 엇더타 世上人事는 날로 달나가나니

柳自新 字 號 宣廟朝官至判尹

99 ◎ 秋山이 夕陽을 띄고 江心에 잠겨는듸 一竿竹 빗기들고 小艇에 안
자시니 天公이 閒暇히 너겨 달을조차 보낸다

100 村에 늙이오나 돌[illegible]

리뇌 아시리 밤만 一片明[illegible]

101 功名이 긔무엇고 헌신짝 버소니로다 [illegible] 라오니 鹿失鹿

이로다 百年을 이리지냄[illegible]

102 四皓 眞的 헛가 留侯의 [illegible] 四皓 면은 二

아녀나 오려니 그려도 아니낭흔 [illegible] 되도

103 세상의 히오라비 므슴일로 서[illegible] 無心호 [illegible] 물에

후려노뇨 두어라 혼물에 잇거니 저신들 엇더리

104 헛가래기나 저르나 기동이 기우나 트나 數間茅屋을 자근줄

지마라 어즈바 滿山蘿月이다 내거신 [illegible] 로라

105 蒼梧山 前後에 二妃는 어디 갓고 [illegible]

보고 千古에 이 뜻 알리는 뎃숩한가 ᄒᆞ노라
술먹고 노던 일을 나도 왼줄 알것마는 信陵君 무덤우희 밧가는
줄 못보신가 百年이 亦草草ᄒᆞ니 아니놀고 어이리
어릴샤 져 鴨鳥야 웃노라 져 鴨鳥야 九萬里長天에 솟숨치
나간다 굴형의 밥새 춤새는 못내 즐겨ᄒᆞ더라
날출 못자마라 前身이 柱下史뢰 靑牛로 타고 函[illegible]에 몃힌
도라온다 世間이 하 多事ᄒᆞ니 온동말동 ᄒᆞ여라
寒食비 오던 밤의 봄비치 다 펴졋다 無情혼 花柳도 때를 알아
엿거든 엇뎟다 우리의 님은 가고 아니
어젯밤 비온 後에 石榴
술거더두고 눌 向ᄒᆞᆫ 시름

일고 어즈바 有限ᄒᆞᆫ 肝腸이 다 그츨가 ᄒᆞ노라

112 銀釭에 불이 붉고 獸爐에 香이 盡케 芙蓉帳 깁흔 곳에 혼자
셰야 안자시니 엇덧타 헌ᄉᆞᄒᆞᆫ 更點아 ᄌᆞᆷ 못드러 ᄒᆞ노라

113 아ᄎᆞᆷ은 비오더니 느즌이 ᄇᆞ람이로다 千里萬里 길에 風雨는 므스
일고 두어라 黃昏이 머러거니 ᄉᆔ여 간들 엇더리

114 是非 업슨 後ㅣ라 榮辱이 不到터라 琴書를 흣튼 後에 이 몸
이 閒暇ᄒᆞ다 白鷗야 機事를 니즘은 너와 낸가 ᄒᆞ노라

115 南山 깁흔 골에 두어 이랑 닐위 두고 三神山 不死藥을 다 ᄏᆡ야 심
근 말이 어즈바 滄海桑田을 혼자 볼까 ᄒᆞ노라

116 술이 몃 가지오 淸酒와 濁酒ㅣ로다 먹고 醉ᄒᆞᆯ션졍 淸濁이
關係ᄒᆞ랴 ᄃᆞᆯ 붉고 風淸ᄒᆞᆫ 밤이여 아니 ᄭᆡᆫ들 엇더리

117 느저 날셔이고 太古적을 못 보완ᄌᆡ 結繩을 罷ᄒᆞᆫ 後에 世故도

118 하도할샤 ᄎᆞᆷ하로 酒鄕에 드러이世界를니즈리라

樽中에술이잇고 座上에손이ᄀᆞ득 大兒孔文擧를곳쳐어더볼가ᄒᆞ

이고어즈바世間餘子를닐러므슴ᄒᆞ리오

119 노래삼긴사ᄅᆞᆷ시름도하도할샤 닐러다못닐너불러나푸돗

던가 眞實로 플닐새시면나도블러보리라

放翁詩餘序

中國之歌備風雅而登載籍我國所謂歌者只足以爲賓筵之娛用之風雅載籍則否焉蓋語音殊也中華之音以言爲文我國之音待譯乃文故我東非才彥之乏而如樂府新聲無傳焉可慨而亦可謂野矣余旣歸田世固棄我而我且倦於世故矣顧平昔榮顯已糠粃土苴惟遇物諷詠則有馮婦下車之病有所會心輒形詩章而有餘緖以方言而腔之而

[illegible]可規萬[illegible]

李廷龜 字聖徵 號月沙 宣[illegible]

120 임을미들것가 못미들손님이시라 미려[illegible]

밋기야 어려와 만은아나 밋고어알리

趙纘韓 字善述 號玄洲 宣廟朝官至承旨

121 貧賤을픈자ᄒᆞ고 富貴에모러가니 침업슨흥청[illegible]

리[illegible]과 風月을[illegible]때[illegible]리라ᄒᆞ리라

122 天地는몃번재며 英雄은누구ᄭᅩ 萬古興亡이[illegible]

디여 [illegible]衿엣거슨도지 말라ᄒᆞᄂᆞ니

[illegible]韓 字汝華 號石洲 宣廟朝[illegible]

123 이몸에 되올션대 [illegible] 崑崙[illegible] 長松[illegible]

가 羣峀에 雪滿ᄒᆞ거든 홀로웃둑ᄒᆞ리라

安訥 字子敏 號東岳 宣廟朝官至判書

124 天地로 帳幕삼고 日月로 燈燭삼아 北海를 휘여다가 酒樽에 다혀두고
南極에 老人星對ᄒᆞ여 늘글뉘을 모ᄅᆞ리라

金瑬 字冠玉 號北渚 宣廟朝登第 仁祖朝官至領相

125 瀟湘江 긴 대 버혀 [illegible] 낫 맛게 비ᄋᆞᆯ 미야 蔽日浮雲을 다쓰러ᄇᆞ리고져
時節이 하 殊常ᄒᆞ니 쓸동말동ᄒᆞ여라

洪瑞鳳 字輝世 號鶴谷 宣廟朝官至領相

126 離別ᄒᆞ던 날에 피눈물이 난지 만지 鴨綠江 ᄂᆞ린 물이 프른 빗치 젼혀
업다 비우희 허여셴 沙工이 [illegible] 보다 ᄒᆞ더라

李舜臣 字 [illegible] 宣廟朝 [illegible]

127 [illegible]

의 어디서 一□胡 □ㄴ 나의 애 울ㅊ소냐

金尙憲 字叔度 號清陰 宣廟朝登第 丁丑節不屈 官至左相

128 南ㅅ兒男兒ㅣ死以언졍 不義以生 矣나라 어마 웃고 對答호되 公이 有言故
不死야 千古에 눈물든 英雄이 몃ㅅ : 줄 울지울ㅁ

趙存性 字守初 號龍湖 宣廟朝 官至知敦寧

呼兒曲四章 並詩

129 아희야 구럭망태 어두 西山에 날 늣거다 밤지난 고살이 하마 아니 늙어
시랴 이몸이 이풀새 아니면 朝夕어이 지내리

呼兒先問有無筐 西山晩日長 却來夜來薇蕨老只緣
朝夕不盈腸

西山採薇

130 아희야 되롱삿갓 출화 東澗에 비지거다 기나긴 낙대에 미늘업슨 낙
시미야 져고기 놀라지마라 내興계워 호노라

呼兒將出綠蓑衣 東澗春霏灑不稀 漁釣:竹竿魚自在

爲他溪老已忘機 東澗觀魚

131 ○아희야 粥早飯다고 南畝에 일이 하다 서투른 따부를 뉘 마조자
브려뇨 두어라 聖世躬耕도 亦君恩이시니라
呼兒曉起促盤飧 南畝春深事已殷 欲把犂[illegible]誰與[illegible]
農圃亦君恩 南畝躬

132 ○아희야 쇼 머겨라 北郭에 새 술 먹자 大醉한 얼굴을 달빗헤 싣고
어즈바 羲皇上人을 오늘 다시 보와다
呼兒騎犢過前川 北郭新醪正似泉 大醉[illegible]月[illegible]
在伏羲天 北郭醉飮

133 ○陶淵明 죽은 後에 또 淵明이 나단 말가 밤마을 녯 일홈이 마초와 갓
틀시고 도라와 守拙田園이야 긔오 내오 다르랴
金光煜 字晦[illegible] 號竹所 光海時[illegible]
栗里遺曲

134 功名도 이젓노라 富貴도 이젓노라 世上翻覆ᄒᆞᆫ 일 다 주어 이젓노라
내몸을 내ᄆᆞ자 니즈니 ᄂᆞᆷ이 아니 니ᄌᆞ랴

135 뒷집의 술ᄡᆞᆯ 우니 거츤 보리 말 못ᄎᆞᆫ다 즈는마 것고 ᄡᅵ허 쥐비저 ᄀᆞ야내
니 여러날 주럿던 입이니 다나 ᄡᅳ나 어이리

136 江山閒雅ᄒᆞᆫ 風景 다 주어 맛다 이셔 내 혼자 임재여니 뉘라셔 ᄃᆞ톨소냐
ᄂᆞᆷ이야 숨ᄉᆞ다 ᄒᆞ긴들 ᄂᆞᆫ화 볼 줄 이시랴

137 질가마 조히 싯고 바회 아래 셤물 기러 ᄑᆞᆺ죽 됴게 ᄡᅮ고 저리지이 ᄭᅵ여
내니 世上에 이 두 마시야 ᄂᆞᆷ이 알까 ᄒᆞ노라

138 어화 저 白鷗야 므ᄉᆞᆷ 役事ᄒᆞᄂᆞᆫ다 골숩흐로 바자니며 고기 엇기 ᄒᆞ
곤야 날ᄀᆞᆺ치 ᄀᆞᆫᄆᆞᄋᆞᆷ 업시 ᄌᆞᆷ만 들면 엇더리

139 茅簷 기나긴 ᄒᆡ에 ᄒᆞ올 일이 아조 업서 蒲團에 ᄌᆞᆷ 들려 夕陽에 ᄭᆡ자
셔니 門 밧긔 뉘 ᄋᆞ흠ᄒᆞ고 ᄂᆞᆨ사 가쟈 ᄒᆞᄂᆞ니

140 秋江밝은달에 一葉舟혼자저허 낙대를빗겨드니 夻은白鷗ㅣ다놀내
거다 어듸셔 數聲漁笛이조차興을돕ᄂᆞ니

141 헛글고싯근文書 다주어후리치고 疋馬秋風에채를쳐도라오니 압오
리 모인새노히다이대도록죠호랴

142 어대막대너를보니 有信ᄒᆞ고반갑고야 나ᄂᆞ아힛적의너을ᄐᆞ고ᄃᆞ니더니
니이제란 뒤히셧다가날뒤셰오고도녀라

143 사ᄅᆞᆷ이주근후에 다시사니보완ᄂᆞᆫ가 왓노라ᄒᆞ니업고도라와날보니업
다 우라ᄂᆞᆫ 그런줄알모로사라신제노리라

144 黃河水맑다더니 聖人이나시도다 草野賢이다니러나다말가 어
즈바 江山風月을눌을주고니거니

145 細버들柳枝것거 낙근고기세여들고 술집을ᄎᆞ즈려 斷橋로
건너가니 온골에 杏花ㅣ ᄂᆞ니아모ᄃᆡᆫ줄몰래라

146 [illegible] 키잇뎌 희먹고 [illegible] 보로라

147 崔行首 쑥달힘ᄒᆞ새 趙同甲 곳달힘ᄒᆞ새 ᄃᆞᆰ찜 게찜 오려點心 날시기소 每日에 이렁셩 지내며 [illegible] 리ᄒᆞ리

具仁垕 字 號 仁祖朝官至右相

148 御前에 失言ᄒᆞ고 特命으로 ᄂᆡ치시니 이몸이 갈ᄃᆡ 업서 西湖로 ᄎᆞ자가니 밤듕만 닷드ᄂᆞᆫ 소ᄅᆡ에 戀君誠이 새로왜라

鄭太和 字囿春 號陽坡 仁祖朝官至領相

149 술을 醉케 먹고 ᄃᆞ러시 안자시니 億萬시름이 가노라 下直ᄒᆞᆫ다 아희야 盞 ᄀᆞ득 부어라 시름 餞送ᄒᆞ리라

蔡裕後 字伯昌 號湖洲 仁朝官至判書

150 ᄃᆞ나 쓰나 니 濁酒 조코 대테 메온 질병드리 더욱 조희 어론자 박

그기를 둥지등은 셰에드고 아희야 저허 沉篆은 만정 얌다 맙고 써여라

尹善道 字約而號孤山仁朝官至參議 川津

151 白雲이 니러나고 나모긋치 흐느긴다 밀물에 東湖 가고 혈물에 西湖
가쟈 아희야 그물 시러 다시고 뇟즐 놓히드라

152 날이 더운 작가 물 우희 괴 떳다 갈며기 셧식 오락가락
호노오야 아희야 낙대는 쥐엿느냐 濁酒瓶 실엇느냐

153 蓮닙희 밥 싸두고 飯饌을란 장만마라 靑蒻笠은 써잇노라 綠蓑
衣를 가져오냐 엇더다 無心한 白鷗는 날 못 좃나냐

154 낙시줄 거더두고 蓬窓에 달을 보쟈 하마 밤 들엇냐 子規소
리 맑게 난다 이하 갈 곳으로 흥에 흥이 곳야 나노매라

155 芳草도 밟아 보고 蘭芷도 뜨더 보쟈 一葉扁舟에 시른거시 무슨
것고 갈제는 냇뿐이러니 올제는 달이노라다

156 山中바회아래 뛰집을 짓노라 하니 구름은 늘물은 웃난다
호다만은 어리닐 하나 雲에 삿에 누내 소인가 하노라

157 常해런가 셤이런가 白玉京에 올나가니 玉皇은 반기시되 群仙이
새리더라 두어라 五湖烟月이 내 分인가 하노라

158 못즘에 셤을셔어 十二樓에 드러가니 玉皇은 우스시되 羣仙이
서지노라 어즈바 百萬億蒼生을 어니결에 무르리

159 술도어 그려니와 滇업슨 亂은 노라 풍도 즉러니와 醒업슨
亂되노라 아마도 滇醒을 작하면 萬壽無疆하리라

160 松間石室의 가 曉月을 보려 하니 空山落葉에 길을 어이 알니
자니리 어듸셔 白雲조차 오니 女蘿衣가 무거워라

161 압내희 안개 것고 뒷뫼희 해 비친다 밤물은 물러가고 낫물
이 미러온다 江村에 온갓곳치 먼빗치 더욱 좋해라

162 夕陽이 빗겨시니 그만ᄒᆞ여 도라가쟈 岸柳汀花ᄂᆞᆫ 구비구비 새로왜
라 直實로 三公을 브롤소냐 萬事를 니저잇노라

163 물결이 흐리거든 발을 싯다 엇더ᄒᆞ리 吳江에 가쟈ᄒᆞ니 千年怒
濤 슬프도다 楚江에 가쟈ᄒᆞ니 魚腹忠魂 낙글셰라

164 夕陽 죠타 마ᄂᆞᆫ 黃昏이 갓갑도다 바회우ᄒᆡ 에구븐길 솔아래로
빗겨 잇다 碧天 쇠에 金不趣 새소리ᄂᆞᆫ 곳곳이 이셔 노래로다

165 蝸室을 ᄇᆞ라보니 白雲이 둘러잇다 브들브체 마르ᄒᆞ고 石逕
으로 올나가쟈 누구서 漁翁이ᄒᆞᄂᆞᆫ 일이 閒暇ᄒᆞ다 ᄒᆞ더니

166 物外에 조흔일이 漁父生涯 아니러냐 漁翁을 웃지마라 그림에
도그렷더라 四時에 興인ᄂᆞᆫ 가지나 秋江이 더 조해라

167 水國에 ᄀᆞᄋᆞᆯ이드니 고기마다 ᄉᆞᆯ져잇다 萬頃滄波에 슬ᄏᆞ지
노니면서 얼굴을 人世를 도라보니 머도록 더옥 조해라

168 념번람공부기 돌은듯게 도리와리 暝色은 낭앙오되 淸
은머리 잇다 어이지 강 梅江이 술의치도 아니라
169 구름이 거든 後에 햇빗치 못겁 거라 天地閉塞ㅎ되 바다흔
依舊ㅎ다 엽고 그 물슨 물셜이 갑 잇는듯 ㅎ여
170 간밤의 눈 갠 後에 景物이 달ㄹ고야 압희는 萬頃琉璃 도라보
니 千疊玉山 仙界ㄴ가 佛界ㄴ가 ㅎ여 興을 계워ㅎ노라
171 丹崖翠壁 들이 雲屛ㄱ치 둘러시 巨口細鱗을 낙굿
낙 무냐 萬頃波 孤舟簑笠에 興을 겨워 안노라
172 滄洲에 우리 道를 녜브터 닐럿ㄷ다 七里羊裘 긔 엇더던
ㄹ고 모롬이 三千七百 낙시는 손곱은제 어이 턴고
173 江山이 조타 ㅎ들 내 分으로 누엇ㄴ냐 님의 恩惠를 제 더옥
알앗노라 아모리 갑고져 ㅎ을 ㅎ올 일이 업세라

鄭斗卿 字君平 號東溟 仁祖朝 壬午春判

金樽에 가득한 술을 슬커장 거후르고 醉한 後 긴
노래에 즐거오미 그지 업다 어즈버 夕陽이 盡타 마라 달이 조차 오노매
君平이 旣棄世하니 世亦棄君平이 醉狂은 上之上이오
事는 更之更이라 다만지 淸風明月은 간ᄃᆡ마다 좃ᄂᆞ니라

余嫁東溟已嗜詩根爲溟老所獎愛嘗呼余爲敬上
蓋謂相看不厭之意也余荷其誘掖俯學之勤致力於
觚翰間而濡不能齊曾於戊申間抱病於[illegible]一日東溟
來訪住休窩有洪金柏谷[illegible]亦繼至皆不期而會
於是設小酌數杯[illegible]之酒半溟文采興發
酌曰丈夫生世路[illegible]今朝一醉可散多[illegible]
卿今[illegible]

達時前琴[illegible]淸唱醉對[illegible]南雪後[illegible]
先手矣以扛鼎力拭於奉恩沃盟也東溟曰蘭亭之會賦者
賦飮者飮今日之樂亦可嚴者歌舞者舞吾請歌之乃作
短歌揮手大唱餘興未了又柏棠而高唱仍破顔微笑素髮朱
顔眞酒中仙也休窩俾余和韻余忘拙效顰曰淸夜開樽瑞
珀濃又會三老一時逢縱橫筆下千鈞力可倒天台萬丈峯諸
公皆稱善洪晩洲錫箕後至連倒三盃推而起拓各樽而舞
東溟顧余曰人生百年此樂如何不服我不見古人之不見
也吾其志之庶使此會傳之不朽遂書蹟于左以觀夫人先輩寓
意遺辭之處耳 豊山後人玄默子洪于海識

姜栢年 字叔久 號雪峯 仁祖朝官至判書

靑春에 곱던 樣姿 님으로야 다 늙거다 이제 님이 보면 날인 줄 아르

실샤 眞實로 날인줄알아보면곳에죽다셔루랴

曹漢英 字守而號晦谷 仁祖朝官至叅判

177 玉欄에곳이픠니 十年이어뇌엿고 中夜悲歌에눈물계워안자이셔

술들이 셜은ᄆᆞ음내혼젼가ᄒᆞ노라

178 樂遊原빗긴날에 昭陵을ᄇᆞ라보니 白雲깁픈곳에金粟堆보기셜

다 어ᄂᆡ제 이몸이도라가다시뫼셔놀녀뇨

金堉 字 號潛谷孝廟朝官至右議政

179 자내집의술닉거든 부듸날을블으시소 草堂에곳픠여든나도쟈

내를請ᄒᆞᆷ새 百年덧 시름업슬일을議論코져ᄒᆞ노라

李浣 字清之號 孝廟朝官至右議政

180 君山을削平턴들 洞庭湖ㅣ너를랏다 桂樹를버혀던들 ᄃᆞᆯ이더욱

ᄇᆞᆰ은거슬 ᄯᅳᆺ두고 일우지못ᄒᆞ고늙기셜워ᄒᆞ노라

181 ?瑛君
새벽비 날갠 날의 일거스라 아희드라 뒷뫼희 삿
리 가 라야 아니 자라시랴 오ᄂᆞᆯ란 일 것거 오나라 새 술 안쥬 ᄒᆞ리라

182 獜平大君 㴭
主人이 好事ᄒᆞ야 座客을 慰勞ᄒᆞᆯ서 多情歌管이 ᄇᆡ야ᄂᆞ니
客愁ㅣ로다 어ᄃᆡ야 賓城今日이 太平인가 ᄒᆞ노라

183 朗原君 偘
ᄃᆞᆯ은 언제 나며 술은 뉘 삼긴고 劉伶이 업슨 後에 李白이
도 간 ᄃᆡ 업다 아마도 무를 ᄃᆡ 업ᄉᆞ니 혼자 醉코 놀리라 具樹勳

184 이 술이 天香醞이라 모와 내도 술ᄒᆞ야도 令辰의 佳會ᄒᆞ니 後에
醉醒盃 ᄇᆞ리시거서 ᄒᆞ로며 聖代ᄅᆞᆯ 맛나 醉코 노리라 宗親

185 濯河水 도라드니 歸去來의 釣臺ㅣ로다 黑水風塵이야 古今에

186 堂上아 어즈버 玉積異章을 親히보옷ᄒᆞ여라 釣魚臺和 孝廟御筆
天寶山 나린 물은 金谷村의 흘러두고 玉流堂 지은 뜻을 아ᄂᆞᆫ
다 모를다 眞實로 이 뜻을 알면 날 잇ᄂᆞᆫ 줄 ᄒᆞ리이라

187 日月도 빗아 잇고 山水도 依舊ᄒᆞᄃᆡ 大明文物은 俗節 없시 가리엿
다 ᄒᆞ여라 天運이 循環ᄒᆞ야 다시 볼가 ᄒᆞ노라

188 헤쳐 어두워도 밝을 날 잇거니와 어이 업서 ᄃᆞ시 새날이 와
ᄉᆡᆼ각ᄒᆞ니 歲月이 流水 같도다 흐르기 쉽도다 ᄒᆞ노라

189 어이 이날 나ᄋᆞ와 어질며 자라 내야 이 누가 알아서 연ᄂᆡ 내요
어질손가 아ᄒᆞ도 玉熱ᄒᆞᆫ 恩惠를 못ᄂᆡ 懷ᄒᆞ노라

190 부모의 몸 갈나 난들 두 몸이라 ᄒᆞ리소냐 分形連氣ᄒᆞ야 너을 ᄉᆡᆼ각
나라 兄弟야 이 뜻을 ᄉᆡᆼ각ᄒᆞ야 自友自恭ᄒᆞ자 ᄒᆞ노라

[illegible] 有漏玉流 [illegible] 堂中 [illegible] 丹子 [illegible]

者曰此吾平日家居行役之際敘懷而寓興以自收錄者□□
我評焉余謹受而退三復而諷誦盡絶無蒼□□□流麗斷□
之作而其得於泆宕山水之間者爲獨多且愛君報國之誠燦然自
自警之意輒於是而發之凡數十餘闋也余素不能爲□其音調
節族之盡合於格與否固未可知也而試就其得於山水□者
是宗幽遠間放有繼山嶺淮南之遺思至於感祝萬壽之詠則忠
愛之誠又藹然溢於辭表而所謂自警之語亦嚴正切宗凜若有
道者言要之皆可歌而傳也夫歌者詩之類也是乃古者里巷風謠
如田畯野夫之詞亦得綴於陳詩之列或被於管絃用之鄉黨邦
國而爲感發興起之資焉其不可廢也亦審矣嗟乎公以天潢貴
介 主上方待以尊屬位遇甚隆子姓繁昌金緋貂玉輝映於階
庭其福履之盛世蓋比之於漢萬石君然公又小心畏慎孜孜焉

貌布素儒雅之行而言之出於情性之正者又如此其可貴重
也豈止如里巷田畯野夫之詞而惜乎我朝無採謠之擧不免
爲巾笥之藏也雖然使世之人得此卷而讀之詠嘆淫液之餘
其榮利塵氛之累豈不少滌乎而愛君勅身之念亦必有不能
已者矣公其勿秘惜之也丁丑暮春姪延安李賀朝謹書

李華鎭 字子西号默拙齋 李廟朝官至監司

191 辟上에 두든 柯枝 孤竹君의 二子ㅣ로다 首陽山에 뎌 半辟
의 默 걸녀슨다 이제는 周武王 업슨니 혼마 날을 엇더리

192 草堂에 깁피 든 줌을 새소릐에 놀나 깨니 梅花雨 갓 갠 柯枝에 夕
陽이 거의로다 아희야 낙대 내여라 고기잡이 져믈엇다

李貫鎭 字 李廟朝官至兵使

193 靑驄馬 여윈 後에 羅紫裙도 與盡커다 ...

[illegible] 世上에 [illegible] 公 [illegible] 作

許 埏 字仲玉 號[illegible] 肅廟朝 官至承旨

194 日中三足烏야 가지말고 내 말 들어 너희는 反哺烏ㅣ라 烏之中曾參이라 北堂에 鶴髮雙親을 더듸 늙게 하여라

195 西湖 눈진 밤의 달빗치 낫 갓튼제 鶴氅을 입의 허고 江皐로 나려가니 蓬海에 羽衣仙人을 맛조 본 듯 하여라

宋時烈 字英甫 號尤庵 孝廟朝 接戰 肅廟朝 官至領相

196 님이 혜오시매 나는 專혀 밋어떠니 날 사랑하는 情을 뉘손의 옴기신고 처엄의 뮈시던 것이시면 이대도록 셜우랴

197 靑山도 절노절노 綠水도 절노절노 山절노 水절노 山水間에 나도 절노 이 중의 절노 자란 몸이 늙기도 절노 절노 하리라

南九萬 字雲路 號藥泉 孝廟朝 登第 肅廟朝 官至領相

202 201 200 199 198

198 東窓이 밝아가냐 노고지리 우지진다 소치는 아희는 상긔 아니 니러나냐 재넘어 사래 긴 밧츨 언제 갈려 하나니

李澤 字 肅廟朝官至兵使

199 洛陽才士 모드신 곳의 鄕村武夫 드러가니 白玉 밧친 듸 돌 석긴 듯 하다마는 두어라 文武一体ㅣ니 놀고 갈가 하노라

200 강청새 작다 말고 大鵬아 웃지 마라 九萬里長天을 너도 날고 나도 난다 두어라 一般飛鳥ㅣ니 네오 내오 다르랴

柳赫然 字 肅廟朝官至大將

201 도산별이 늙은 뒤에 드는 갈보되여라 無情한 歲月은 白髮을 재촉하니 聖主弘恩을 못 갑흘가 하노라

朴泰輔 字 士元 號 定齋 肅廟朝官至應敎

202 胸中에 불이 나니 五臟이 다 타간다 神農氏 엇의 뫼와 불을 끌

華물어보니 忠孝ㅣ라 惆悵코 世를 ... [illegible]

具志禎 字 甫 ... 朝官至牧使

203 쥐ᄎᆞᆫ 쇼록이들아 ᄇᆡ부ᄅᆞᆷ 자랑마라 淸江에 여윈 鶴이 주린들 부ᄅᆞᆯ소냐 내 몸이 閒暇ᄒᆞᆯ션졍 ᄉᆞᆯ 못져 관 어이리

金聲最 字 甫 ... 朝官至牧使

204 公庭에 吏退ᄒᆞ고 ᄒᆞᆯ 일이 아조 업셔 扁舟에 술을 싯고 倚中臺 ᄎᆞᆺ자 가니 蘆花에 數만ᄒᆞᆫ 멱이는 제 벗인가 ᄒᆞ노라

205 술 ᄭᆡ야 니러안자 거문고를 戲弄ᄒᆞ니 窓 밧긔 셧는 鶴이 즑여셔 넘느ᄂᆞ다 아희야 남은 술 부어라 興이 다시 오ᄂᆞᆫ [illegible] 개위 ᄒᆞ노라

申靖夏 字正甫 號恕菴 甫 ... 朝官至修撰

206 벼슬이 貴ᄐᆞ ᄒᆞᆫ들 이 내 몸에 비길소냐 蹇驢를 밧비 몰아 故山으로 도라오니 어듸셔 急ᄒᆞᆫ 비 ᄒᆞᆫ 줄기에 出塵行裝 ᄲᅵ서고나

207 前山昨夜雨에 ᄀᆞ득ᄒᆞᆫ 秋氣로다 豆花田관솔불에 밤호ᄆᆡ의 빗치로다 아희야 뒷내 桶발에 고기 흘너 갈셰라

208 諫死ᄒᆞᆫ 朴坡州야 죽으라 셜워마라 三百年綱常을 네 혼자 붓들거다 우리의 聖君不遠復이 네 죽인가 ᄒᆞ노라

金昌業 字大有 號老稼齋 肅宗朝進士 仍不仕

209 검은고 술ᄭᅵ자 노코 호졉이 낫ᄌᆞᆷ든 제 柴門犬吠聲에 반가온 벗 오도고야 아희야 點心도 ᄒᆞ려니와 외자 濁酒 내여라

210 자남은 보라매를 엇그제 손ᄭᅥᆺ 쳐셔 ᄯᅢ 찌여 방울 다라 夕陽에 ᄲᅡ르나니 丈夫의 平生得意는 이ᄲᅮᆫ인가 ᄒᆞ노라

211 벼슬을 저마다 ᄒᆞ면 農夫ᄒᆞ리 뉘 이시며 醫員이 病 고치면 北邙山이 저러ᄒᆞ랴 아희야 잔 ᄀᆞ득 부어라 내 뜻대로 ᄒᆞ리라

畵川君 鼎

212 어제도 爛醉ᄒᆞ고 오ᄂᆞᆯ도 또 술이로다 그제 ᄭᆡ야던지 그그제ᄂᆞᆫ 나 몰ᄂᆡ
내ᄒᆡ 來日은 西湖에 벗 오마ᄒᆞ니 ᄭᆡᆯ동 말동 ᄒᆞ여라

尹斗緖 字 肅廟朝進士

213 玉에 흙이 무더 길ᄀᆞ의 ᄇᆞ렷시니 오ᄂᆞ니 가ᄂᆞ니 흙이라 ᄒᆞᆫ다
나 두어라 알니 이실지니 흙인 드시 잇거라

俞 崇 字 号 今上朝 官至參判

214 清溪邊 白沙上에 혼자 섯ᄂᆞᆫ 져 白鷺야 나의 먹은 ᄯᅳᆺ을 넨들 아냐
나 알아시라 風塵을 슬희여 홈이야 너오 내오 다르랴

215 간밤 오던 비에 압내헤 물지거다 등 검은 ᄌᆞᆯ 진 고기 버들 넉싀
올나고야 아희야 그믈 ᄂᆡ여라 고기 잡이 가쟈ᄉᆞ라

尹 游 字 号 今上朝 官至判書

216 大同江 달 ᄇᆞᆯ근 밤의 碧漢槎를 ᄯᅴ여 두고 練光亭 醉ᄒᆞᆫ 술이 碧浮

樓에다시거다 아마도 關西佳麗는 옛셜인가 ᄒᆞ노라

217 清流壁에비 그늘미고 白銀灘에금을견어 자남은고기ᄅᆞᆯ 눈실곳
치膾치노코 아희야 盞잔으로 부어라 盡醉토록 먹으리라

尹 淳 字仲和 号白下 今上朝官至判書

218 내집이 白鶴山中 날 ᄎᆞ즈리 뉘 이시리 入我室者ㅣ 清風이오 對我
飮者ㅣ 明月이라 庭畔에 鶴徘徊ᄒᆞ니 긔 벗인가 ᄒᆞ노라

李 渘 字 号小岳樓 官至縣監

219 子規야 우지마라 우러도 속졀업다 울거든 너만 우지 날은 어이
울니ᄂᆞ냐 아마도 네소리 드를제면 가ᄉᆞᆷ 압파ᄒᆞ노라

220 어엿분 네님금을 싱각ᄒᆞ고 절노우니 하ᄂᆞᆯ이 시리셔든 네며
이올녀시랴 날업슨 霜天雪月에 선ᄂᆞᆫ노ᄒᆞ여 우니ᄂᆞ냐

221 不如歸ᄒᆞ니 도라갈만 못ᄒᆞ여 시는 이여 ᄆᆞᄋᆞᆷ이리 바ᄂᆞᆫ 못ᄒᆞ니

[illegible]

昔我 端宗大王在寧越[illegible]

閑來莫不須淚翔且六臣亦是[illegible]

冷浦又聞子規於此地者汚遂作歌而哀之名曰子規詞

子規詞

蜀魄啾啾山月低思相憶倚樓頭哀聲苦我[illegible]哀非角

聲無我愁寄語人間離別客慎莫登春三月子規啼山月樓

五日長閑三日越哀詞腸絶曾陵雲妾身亦是王孫

女以地鵑聲不忍聞　　　　李媛

傍人莫唱子規詞以曲當年不盡悲惟有六臣長夜

淚曾淩松栢灑無枝　　　　鄭昌海

朴仁老

222 ○盤中早紅柑이 고와도 뵈ᄂᆞ니다 柚子ㅣ 아니라도 품엄즉도 ᄒᆞ다마ᄂᆞᆫ
품어가 반기리 업슬ᄉᆡ 글로 셜워ᄒᆞᄂᆞ이다

223 ○王祥의 鯉魚잡고 孟宗의 竹筍것거 감던 마리 희도록 老萊子의 오ᄉᆞᆯ 닙고 一生에 養志誠孝를 曾子ᄀᆞ치 ᄒᆞ리라

224 ○萬鈞을 느려내야 길고 길게 노흘 ᄭᅩ아 九萬里長天에 가ᄂᆞᆫ ᄒᆡ를 잡아ᄆᆡ야 北堂에 鶴髮雙親을 더듸 늙게 ᄒᆞ리라

225 ○群鳳 모ᄃᆞᆫ 곳의 외가마기 드러오니 白玉 ᄊᆞ힌 ᄃᆡ 돌 ᄒᆞ나 ᄀᆞᆺᄐᆞ다마ᄂᆞᆫ 鳳凰도 飛鳥와 類ㅣ니 뫼셔 논들 엇더리

此曲何爲而作也 昔在辛亥春 曾祖考漢陰相國使朴萬戶仁老述懷之曲也 世代既遠 此曲無傳 恐其泯沒於後 竊嘗慨然於心者稔矣 不肖孫光文 是歲庚午春 除永川郡守 仁老蘆溪人也 其曲尚今流傳 其孫亦且存公

月夕以其孫進善命歌而聽之恍若後生叩舌杖屨於龍
洋山水之間愴懷激感淚自零焉與長歌三曲及短歌四闋
而付諸剞劂氏以圖廣傳焉時是年三月三日也

張 炫

226 鴨綠江 해진날에 에엿븐 우리님이 燕雲萬里를 어듸라고 가시
고 봄풀이 프르거든 卽時도라 오쇼셔

朱義植 (字道源)

227 하늘이 놉다하고 발져겨셔지 말며 ᄯᅡ히 두텁다코 이발지 말을
이셔 하날샹 놉고 두터워도 내 삼가리라

228 隱映한 童子 와셔 오늘이 새해라커날 東窓을 열고보니 예도돗던 해로
다 잇다 아희야 萬古한 해니 後人이야 알니라

229 天心도 은 별과 水面에 부는바람 上下聲色이 一中에 가 받았

230 ᄒᆞᆫ이 사ᄅᆞᆷ이 中을 ᄒᆞ나시나 어질기ᄂᆞᆫ ᄒᆞ가시라
仁은 허ᄒᆡ되고 孝悌忠信 기棟이 되야 禮義廉恥 ᄌᆞ측이 되
231 여시나 千萬年 風雨를 만난들 기울줄이 이시랴
忠臣의 속ᄆᆞᄋᆞᆷ을 그 님이 모르므로 九原千載에 ᄯᅡ다 슐허ᄒᆞ려
232 니와 比干은 ᄆᆞᄋᆞᆷ을 뵈야시니 무슴 恨이 이시리
주려죽으려 ᄒᆞ고 首陽山에 드럿거니 현마 고사리를 먹으려 ᄒᆞ야
233 시라 物情이 곱은줄에 ᄯᅡ라 펴보려 ᄒᆞ미라
屈原 忠魂 비에 더흔 ᄭᅵ 采石江에 긴고래 되야 李謫仙 ᄯᅩ 이 언고하
234 ᄂᆞᆯ에 올라시니 이제야 새로 난 고기야 낙가 ᄉᆞ다 업ᄉᆞ리라
無道ᄒᆞᆫ 기로 ᄇᆡ 陰陵에 길을 일코 ᄯᅱ여갈 ᄉᆡ 엇서 할 줄 보
235 기 븟그러워 烏江을 건너지 아녀 어ᄂᆡ 슐허ᄒᆞ리오
唐虞도 죠커니와 夏商周 더욱 죠해 이제를 혜여ᄒᆞ니 어너 ᄯᅢ 천

만흔거이고 堯天에 舜日이 뵈니 시냐 아므려나 즐물해라

236 ○人生을 혜아리니 ᄒᆞᆫ바탕 꿈이로다 죠흔일 구즌일 꿈속에 꿈이
여니 두어라 꿈ᄀᆞᄐᆞᆫ人生이 아니놀고 어이리

237 ○荊山璞玉을 어듸 살ᄂᆞᆫ 뵈라가니 겨치 돌이여나 속알리 뉘 이시리
두어라 알리 알쉬니 쥴인ᄃᆞ시 잇거라

238 ○말ᄒᆞ면 雜類ㅣ라ᄒᆞ고 말안니면 어리다ᄒᆞ네 貧寒을 ᄂᆞᆷ이 웃고
富貴를 새오ᄂᆞ니 암아도 이하ᄂᆞᆯ 아래 살ᄋᆞᆯ 일이 어려왜라

余嘗得見朱公道源所製新翻一二闋 惟恨未得其
全篇也 下邑和叔爲我得全篇以眎之 余三復遍閱其辭
美其旨微婉 皆發乎情性 而寔有風雅之遺韻 使古之
觀民風者採之 其亦將徵於陳詩之列明矣 噫 公非徒
能於此也 持身恭儉 處心恬澹 自逸 有君子之風焉

南坡金天澤書

金三賢

239 늙기셜운줄을 모로고나 늙거보니 春光이 덧업셔 白髮
이 절노 나니 그려도 少年적 마음은 減한 일이 업세라

240 綠楊春三月을 잡아 매야 두량이면 셴머리 뽑아내여 춘
혀두련마는 희야다 내져게되 닥아 그져 노하 보내거다

241 松壇에 선잠 깨야 醉眼을 여러보니 夕陽浦口에 나드나니 白鷗ㅣ
로다 아마도 이 江山 님자는 내로쇤가 하노라

242 큰아 큰 바회 우희 네 사람이 閒暇로다 紫芝歌 한 曲調를 오늘
야 들을노다 이제는 하나 더하여 五皓ㅣ 된가 하노라

243 내 精靈 술에 섯겨 님의 속에 흘너드러 九曲肝腸을 속속이 차즈
려 날닛고 남向한 마음을 다 술오려 하노라

金聖器

244 蓼花에 좀은 白鷗 선좀 씨지 마라 나도 일 업서 江湖客이 되
엿노라 이後는 차즐 리 업스니 너를 조차 놀리라

245 塵埃에 뭇친 分네 이내 말 드러 보소 富貴功名이 죠타도 ᄒᆞ려니
와 말 업슨 風月江山이 아그 죠흔가 ᄒᆞ노라

246 紅塵을 다 떨치고 竹杖芒鞋 집고 신고 거문고 둘너 메고 西湖
로 드러가니 蘆花에 떼 만흔 갈매기 이 날 벗 일가 ᄒᆞ노매

247 玉盆에 심근 梅花 ᄒᆞᆫ 柳枝 것거 내니 곳도 곱거니와 暗香이 더옥
죠타 두어라 것거 온 거니 버릴 줄이 이시랴

248 굴에 버슨 千里馬를 뉘라셔 잡아다가 粗粥 삶은 콩을 살지게 먹
여 둔들 本性이 왜양 ᄒᆞ거니 이실 줄이 이시랴

余嘗癖於歌褒集國朝以來名公鉅卿零卷殘流之作
略成編秩矣獨溪隱金聖器之譜洗洗傳誦於世而知
其全譜者鮮故廣求而莫之得心常恨焉乃者遇
西湖金君重呂於文郁氏訪金君卽溪隱平生故人也
余曰子嘗與漁隱從遊且久其訪爲永言想多記藏
者爲我云諸曰吾與溪隱周住江湖蓋十數年其平日之叙
懷寓興者多有記於而其中有足以油然感人者聲俗不
知故花諸冊簡以待西事者久矣子言如是蘇曲向從其所
行于世乎遂歸其全編三段諷詠其得於鼓宕山水之趣
者自見於辭語之表飄飄然有遐舉物外之意矣蓋溪隱
逍遙天地間一閒人也亦於音律莫不妙悟性好江山構

坐于西湖之上 浮隱花朝夕月 或詠或嘯 ...
簫弄煙波 押鷗而忘機 觀魚而知樂 以自放於形骸之 ...
此其所以自適其適而善鳴於歌曲者歟 南坡金天澤書

金裕器

249 내몸에 病이 만하 世上에 브리이여 是非榮辱을 오로다 니저만은 다만지 衰夫ᄒᆞᆫ 一癖이 매 불(보르기)혹에 쇼해라

250 丈夫로 삼겨나서 立身揚名 못ᄒᆞᆯ시면 差하로다 썰치고 일업서 늙으리라 이밧긔 碌碌ᄒᆞᆫ 營爲에 걸릴 줄이 이시랴

251 春風 桃李花들아 고온 樣姿 자랑 말고 長松綠竹을 歲寒에 보려므나 亭亭코 落落ᄒᆞᆫ 節을 고칠 줄이 이시랴

252 唐虞난 엇제 時節 孔孟은 누시런고 淳風禮樂이 戰國이 되얏시니 이몸이 셔근 비로 擊節悲歌 ᄒᆞ노라

253 泰山에 올나 안자 四海를 굽어보니 天地四方이 훤츠도 흔져이고 丈夫의 浩然之氣를 오늘이야 알괘라

254 不忠不孝ᄒᆞ고 罪만흔 이 내몸이 苟히 사라이셔 ᄒᆡ온 일 업거니와 그러나 太平聖代에 늙기를 셜워ᄒᆞ노라

255 오늘은 川獵ᄒᆞ고 來日은 山行ᄒᆞ새 곳달힘 모뢰ᄒᆞ고 降神흐란 글피ᄒᆞ리 그글픠 便射會ᄒᆞ제 各持盃果ᄒᆞ시소

256 景星出 卿雲興ᄒᆞ니 日月이 光華ㅣ로다 三王禮樂이오 五帝의 文物이로다 四海로 太平酒 빗저 萬姓同醉ᄒᆞ리라

金君天擇以善歌[illegible] 余於甲申一造其門叩其蘊得一編開卷而閱之乃自家所爲新翻也仍要余訂正余觀其詞說盡情境諧合音律信乎其樂府之絶調也以余不才奚容贅焉遂相與吟咏而歸轉而[uncertain]

建存没之感至是極矣余於是拾得其遺曲以傳于世云

其名同傳不朽也 南坡金天宅書

名妓八人

真伊

257 青山裡碧溪水야 수이감을자랑마라 一到滄海ᄒᆞ면 다시오기 어려오니 明月이 滿空山ᄒᆞ니 쉬여간들엇더리

258 冬至ᄃᆞᆯ 기나긴밤을 한허리를버혀내여 春風 니불아레 서리서리너헛다가 어론님 오신날밤이어든 구뷔구뷔펴리라

259 내언제 無信ᄒᆞ야 님을언제소겻관ᄃᆡ 月沈三更에 온뜻이전혀 업다 秋風에 지는닙소릐야 낸들어이ᄒᆞ리오

260 山은 녯山이로되 물은녯물아니로다 晝夜로흐르거니 녯물이 이실소냐 人傑도 물과갓도다 가고아니오노ᄆᆡ라

261 紅粧

寒松亭 ᄃᆞᆯ 밝은 밤의 鏡浦臺에 물껼 잔제 有信ᄒᆞᆫ 白鷗ᄂᆞᆫ
오락가락 ᄒᆞ건마ᄂᆞᆫ 엇더타 우리 王孫ᄂᆞᆫ 가고 아니 오ᄂᆞ니

262 笑春風

監司兵使座席作此三闋歌之

唐虞ᄅᆞᆯ 어제 본ᄃᆞᆺ 漢唐宋 오ᄂᆞᆯ 본ᄃᆞᆺ 通古今 達事理ᄒᆞᄂᆞᆫ
明哲士ᄅᆞᆯ 엇더타고 [고쳐 셜 엿] 歷歷히 모ᄅᆞᄂᆞᆫ 武夫ᄅᆞᆯ 어이 조치리

263 前言은 戱之耳라 내 말ᄉᆞᆷ 허믈 마오 文武一體ㄴ 줄 나도 暫間 아
옵거니 두어라 糾糾武夫ᄅᆞᆯ 아니 좃고 어이리

264 齊도 大國이오 楚도 亦大國이라 죠고만 藤國이 間於齊楚ᄒᆞ여
시니 두어라 이다 죠ᄒᆞ니 事齊事楚ᄒᆞ리라

小栢舟

朴燁爲西伯也與俗娼更命作此歌

265 相公을 뵈온 後에 事事ᄅᆞᆯ 밋ᄌᆞ오매 拙直ᄒᆞᆫ 몸에 病드ᄅᆞᆯ가

老處ㄱ려 어 [illegible]

266 寒雨

어이얼어자리 무ᄉᆞᆷ일로얼어자리 鴛鴦枕翡翠衾을 어ᄃᆡ두고얼어자리 오ᄂᆞᆯ은 ᄎᆞᆫ비맛자시니 더옥덥게자리라

花之

267 長松으로비를무어 大同江에ᄯᅴ여두고 柳一枝휘여다가 구지구지ᄆᆡ얏ᄂᆞᆫᄃᆡ 어ᄃᆡ셔 妄伶엣거ᄉᆞᆫ소헤들나ᄒᆞᄂᆞ니

松伊

268 솔이솔이라ᄒᆞ니 무ᄉᆞᆫ솔만녀이노라 千尋絶壁에落落長松 내긔로다 길알에 樵童의접낫시야 걸어볼쥴이시랴

梅花

269 梅花녜등걸에 春節이도라오니 녜퓌던柯枝에픠엄

즐ᄒᆞ다 만은 寒雪이 亂紛ᄒᆞ니 필동말동 ᄒᆞ여라

林晋 武士

270 활지어 ᄭᅡᆯ에 걸고 칼ᄀᆞᆯ아 녑희 ᄎᆞ고 鐵瓮城邊에 筒箇베고누어 시니 보와다 보ᄂᆞᆫ 라소릐예 좀 못들어 ᄒᆞ노라

朴明賢

271 ᄃᆞᆯ ᄇᆞᆯᄀᆞᆫ 五禮城에 혼아은 벗이 안쟈 思鄕感淚ᄅᆞᆯ 뉘 알니지리마ᄂᆞᆫ 암아도 爲國丹忱은 나 ᄲᅮᆫ인가 ᄒᆞ노라

金應鼎

272 太平天地間에 簞瓢ᄅᆞᆯ 두러메고 두ᄉᆞ매 느리치고 슈즤ᄒᆞᆫ 논뜻은 人世에 걸린 일 업ᄉᆞ니 그ᄅᆞᆯ 조하ᄒᆞ노라

李仲集 년

273 뉘라셔 날 늙다던고 늙은이도 이러ᄒᆞᆫ가 곳보면 반기고 盞...

274 (△)父母生之ᄒᆞ시니 續莫大焉이 업거니 撻之流血인들 疾怨ᄒᆞᆯ
아ᄒᆞ랴 生我ᄒᆞ고 鞠我ᄒᆞᆫ 恩德을 못내 갑ᄉᆞ와 ᄒᆞ노라

許橿

면우음ᄂᆞ다 春風에 흣ᄂᆞᆫ 白髮이야 ᄭᆡᆫ들어 이ᄌᆞ리오

金天澤

275 (⊙)榮辱이 竝行ᄒᆞ니 富貴도 不關ᄒᆞ라 第一江山에 내 혼자 님
자 되야 夕陽에 낙시대 두러메고 오락가락 ᄒᆞ리라

276 (△)世事를 다 떨치고 江湖로 드러가니 水光山色이 녯 ᄂᆞᆺ츨 다시
본듯 어즈바 平生夢想이 오라ᄒᆞ여 그러탓다

277 (○)白鷗야 말 무러 보자 놀라지 마라ᄉᆞ라 名區勝地를 어듸
어듸 보왓ᄂᆞ니 날ᄃᆞ려 仔細히 닐러라 날도 게 가 놀리라

278 (○)霞鶩은 섯거 놀고 水天에 ᄒᆞᆫ 빗친 제 小艇을 글러두고 여흐

[illegible]에 올여가니 滿岸에 [illegible] 꼿츤 아흠 기 가자 ᄒᆞ여라

279 ◯ 索居閒處ᄒᆞᆫ 곳에 ᄎᆞ자오리 뉘 이시리 [illegible] 逢도 ᄒᆞᆯ리 업고 蓬門을 다닷드니 다만 날과 有信ᄒᆞᆫ 거슨 [illegible] 清風 섄이로다

280 ◯ 花欄에 月上ᄒᆞ고 竹窓에 밤든 적의 冷冷 七弦琴을 靜聽에 ᄒᆞ기드니 庭畔에 섯는 鶴이 우즐우즐 ᄒᆞ더라

281 ◯ 田園에 남은 興을 전나귀게 모도 싣고 溪山 닉은 길로 興치며 도라와셔 아히야 琴書를 다ᄉᆞ려라 남은 히를 보내리라

282 ◯ 淸風北窓下에 葛巾을 젓게 쓰고 羲皇 벼개 우희 흐긋 ᄌᆞᆷ을 세야보니 夕陽에 牛背 笛聲이 兩兩 歸來ᄒᆞ더라

283 ◯ 生前에 富貴ᄒᆞᆷ은 一杯酒만 ᄒᆞ니 업고 死後 風流는 陌上花 섄이여다 人生이 一場春夢이라 아니 놀고 어이리

284 ◯ 紅塵에 醉ᄒᆞ 分明 [illegible] 말을 一時榮耀 [illegible]

셧만은 취짐은 官[illegible]이 어이 아니 [illegible]

285 ○長鋏에 日暗ᄒ고 戰國에 雲擾ᄒ니 萬古長夜ᄂ 어ᄂ 때ᄂ 아질런 어즈바 唐虞ㅣ 世遠ᄒ니 갈곳 몰ᄂ ᄒ노라

286 泰山에 올라안자 天下를 오로보니 世路ㅣ 多岐ᄒ여 어이저리 흔게고 阮籍이 ᄂ려ᄒᆞᆷ을로 窮途哭을 ᄒ더다

287 ○崇辱을 數ᄒ고 富貴ᄂ 在天ᄒ니 求ᄒ다 달에 오며 더저드 다 어듸가랴 眞實노 내길을 닷그면 自然有時ᄒ느니

288 ○孔孟과 楊墨[illegible]ᄂ이 ᄒ가인 듯ᄒ 것마ᄂ 나동어든 거슨 楚越 되엿거니 眞實로 이즈음 싱각ᄒ여 보디 操心ᄒ시소

289 濂溪에 비를 ᄯᅴ여 伊川을 건너가셔 明道 계 길흘 무러가셔 대로 가자스라 가다가 저믈거든 晦菴의 가자ᄉᆞ라

290 ○青藜杖 힘을삼고 南畝로 ᄂ려가니 稻花ᄂ 흣ᄂ리고 山[illegible]

291 ○ 漁翁 전나귀 遠近에 즑이는 農歌는 곳、이셔 흥닌라
箕山에 늙은사람 귀나어이 씻도던고 박소리 핑계ᄒ고 操壯이
놉거니와 至今히 潁水淸波는 더러온재 잇ᄂ니

292 ○ 易水寒波 졈은날에 荊卿의 兩動 보소 一劒行裝이 긔아니
咽唔ᄒ야 어즈바 秦譜釼術을 애돌을사 ᄒ노라

293 ○ 春窓에 느리 닐어 緩步ᄒ여 나가보니 洞門流水에 落花ㅣ ᄀ
득ᄒ여이셰라 져곳아 仙源을 남 알니라 써나가지마롸라

294 ○ 眞實로 검고져ᄒ면 머리난 희난게고、眞實로 희고져ᄒ면 모음
은 검난게고 이두얼 셔루 밧고면 無老無慾 ᄒ리라

295 ○ 어화우리 남금 疾病이 엽스신가 億兆羣生에 늙김이 남아 잇소
다 저마다 戴己를 願ᄒ시 太平일워 ᄒ소라

金君伯謁 善唱名國 一波下 通 能自為

瀏亮可聽[illegible]以行於世少年習而唱之
觀其詞皆艶麗有情致音調節腔淸渭萬千向
於律可與松江之新翻後先方駕矣伯涵非特能於歌
亦見其能於文也嗚呼使今世之有善觀風者必采是詞
而列於樂官用之鄕人用邦國不但爲里巷歌謠而止
庸奈何徒使伯涵爲燕趙悲慨之音以鳴其不平也
且是歌也多引江湖山林放浪隱遯之語反覆嗟歎
之不已其亦裏世之意歟 玄窩鄭潤卿書

金壽長

296 父兮날나흐시니 恩惠밧기恩惠로다 母兮날기르시니德밧
기德이로다 아마도 하늘ᄀᆞᄐᆞᆫ이恩德을어듸다혀갑ᄉᆞ오리

297 내몸삼긴後에 聖代를만나오니 堯天舜日이大東에볼기

세라 雨露에 萬花ㅣ 方暢ㅎ니 太平인가 ㅎ노라

298 ◎이제야 다 늙거다 므스거슬 내 아더냐 花階에 곳이 되고 酒樓에
술이ㄹ세 이中에 靑丘永言이야 듣열손가 ㅎ노라

299 ○絶頂에 오르다ㅎ여 누즌듸를 웃지 말아 雷霆 된 바람에 失足
이 恠이 ㅎ랴 우리는 平地에 안자시니 分別업서 ㅎ노라

300 ▽物外에 벗님네야 風景은 조타 마쇼 내 몸이 國民이라 님금을
니즐소냐 어늬 곳 莫非 王土ㅣ니 그를 혜여 보시소

301 ◎孔夫子ㅣ 가신 後에 道德이 어두웨라 後世에 聖賢을 내
주리 뉘 어시리 白鷗야 閒暇ㅎ기 날 ᄀᆞᆺ투니 너나 날가 ㅎ노라

302 ○桀紂ㅣ 죽이라 ㅎ고 比干아 설워 마라 桀紂 아니면 比干인 줄
아나냐 하ᄂᆞᆯ이 桀紂와 比干을 내여 儆世人으로 勸善이라

303 ◎百花ㅣ 爛熳開ㅎ니 [illegible] 양랑ㅎ ᄆᆡ 滿庭[illegible] 石竹花ㅣ 何辭

何일고 風霜이 섯거친날에 鶴翎紫郞 君子희라

304 ◉天地開闢後에 하ᄂᆞᆯ이 말이 업스샤 人神이 新採ᄒᆞ샤 不可言이
이러니 어스와 尼丘山一人에 義理明正ᄒᆞ기나

305 甲父母뫼신 ᄉᆞ셔 내이 말ᄉᆞᆷ 大舜曾參을 본바다 ᄉᆞᆷ십으
시소 비혼後 子孫에 傳ᄒᆞ여 ᄉᆞᆺ지 말게 ᄒᆞ시소

306 甲功名貪치 마소 富貴도 보지 마소 人生窮達이 하ᄂᆞᆯ에 미엿
ᄂᆞ니 天地間 千百萬事ᄅᆞᆯ 되ᄂᆞᆫ대로 ᄒᆞ리라

307 甲먹으나 못먹으나 酒樽을란 뷔우지 말고 ᄒᆞ거나 못ᄒᆞ거나 絶
代佳人 ᄭᅧᆺ두워 어스와 送張光陰을 耐勞고저 ᄒᆞ노라

308 ◉歷代憂樂事를 文墨을로 記錄ᄒᆞ나 이몸이 느저나매 새노
ᄅᆞ로 못보완쟈 아마도 斯世興亡이 이ᄒᆞ노라

309 ◉天君이 泰然ᄒᆞ니 百體從令이라 口舌을 安定ᄒᆞ고 分明

310 이엿거고야 셜운 世界를 가지고 져다지 奔走를 줄이
貧賤을 厭치 마소 일엇스면 긔 좃ᄂᆞ니 밧엿다 恨치 마소 말엇
스면 이 좃ᄂᆞ니 아마도 安分知足이 내 거신가 ᄒᆞ노라

311 남은 고다 스랑ᄒᆞ니 노래 모져 깃츤 일오라 中大葉 긴 腔이 긔
의 긔 이 餘이로다 壺 밧침 쳐 주든 한 님 흔 如意珠ㅣ로다

我國歌謠 卽國之風雅 漢之樂付流也 名臣巨儒騷人
墨客 往往吟詠焉 歷三百餘載 其譜有平而緩者 淸而
哀者 如慕如怨 驟而震蕩天地者 以綿蕞萬蕞 延林
呑者 悅人耳和人心 其為風教 不下於 好事者 采
述不彰 然傳之既久 背音律 違高 名 間多有之 金君
壽長 與金春澤 當世名唱 微妙之家 爽文之節 出於 門
然有 矯失正 北之志 廣取諸名家歌辭 及里巷傳謠

自家歌製合一部歌詞

君守今安拙清靜愛菊眞可謂風塵豪傑君子之

全君蓋不得歌謠之統而志氣

採而被之管絃如周之雅漢樂府

歲乙亥孟夏之初張福紹書于十竹之觀隱齋

憶昔古人之登儀觀今諸君之家遊浩大殷之興溪

細流川者也良可爽心至於三十年前出林泉僻之處瀑布

長松之下或三或五盡日唱習終爲詠家者多矣未

知數世以何而此類永絕寡宕尚守好事者樂此者

故恐其永滅沉晦之地不得已自製短歌廿餘章附在

於諸公之下幸勿嚬蹙恕其粗踈焉乙亥孟夏之初十日

金壽長書

無名氏

無名氏

듯터비 져두터비 동은 맛올 듯터비 흔다리 졔
러지ᄂᆞᆫ 혼다리 부러진 파리 물어 날보고셔
놀난 쳬ᄒᆞᄂᆞᆫ 느리 념져 드립너 물든 두어 보ᄅᆞᆨ
괴오ᄅᆞᆯ 흐르록 거너 셰다가 아차 생각셰 리
구러졍에 풍덩 맛ᄎᆞ 혼 듯터비 올서 만졍
숩비 듯터비 었더면 낙우ᄒᆞᆯ 번 ᄒᆞ여다

[illegible] 老 月 [illegible] 江山人 [illegible]

永言選序

余少而好歌殆忘寢食或從衆石而聽其自然或
就琴及二家和大小絃有謂有得思欲上質於大
方君子以進其所不及而顧世無能言者每於曲衷
回濤有水遠山高之思乙未春金公裕器函浦崇師
來公即介我為獨步也余往省焉試以曉諧以善
公執笑以不應夜久始吟數闋聲出金石若不為
歌當于余乃省然自失私語心曰雖然有和矣敢
明延公置別館邀與二三同志士講舊學而請
教于公曰不亦善乎歌有古今之淵源衆而依於末世
之音而時人之所取以和而後嚴太平之聲而音之取
我國歌雖[illegible]雅樂去與其有所[illegible]

孫[illegible]所自發新鋤[illegible][illegible]為家[illegible]

遊以來潤等諸曲日課[illegible]長幹事學習

累年而始能效嚬之曲詞成矣於朱竟若獨有尋

芳[illegible]之木葉西湖此門所謂[illegible]此可

卒業矣疊之因偶尋芳曲一闋[illegible]安歌花潤

庭[illegible]披其終後端祝[illegible]後捍沂所西道運芳筵

海[illegible]水仙子語而將軍錮鎖[illegible]校不覺其雄哉

善之[illegible]教[illegible]於先唱酬月所振若俾有感發興起

之意而階級甚嚴不敢爲躐等詩之一日密誠

人況生者以騎來數遊況是湖海間青士而密之領

南樓久在之魂夢中矣遂並譜飄然而遊不[illegible]

等既留之不可留惟以武遏其歸爲祖道之祓祝
訖登舟悵望之居無何出遊海康卒死旅館
嗚呼廣陵散從此絶矣不復等相希于回舍恨之
然無所與歸而適來五年年使人滯留中過客
駐絲竹盈堂四座盡懽而及其酒後話舊則唯
吻楓咯之兮噫余老矣年逾七旬氣促聲嘶不復
作依永之三言獨其士炭一癖猶未[illegible]盡消每見人
有歌謳必永之不倦容有遺以[illegible]余歌曲一部乃金
君天澤所裒集諸君子所裒者余未附國朝名[illegible]
及自家所裒而公之於朝[illegible]人閱之在其中矣三夜
諷詠心目俱明淒然有[illegible]無[illegible]其人宛在[illegible]
而益不禁[illegible]

315 314 313

言爲詞又[illegible]作爲詞十餘闋[illegible]

僕非敢自列於古人之次蓋出於附驥之意是

頁我公傳振振勤云介

崇禎三壬午孟秋後學上黨韓維信謹書

○ 我東方億萬蒼生 우리 남군 덕이야 父生

母育이라 어이다 뎌 갑흘손가 이 [illegible] 一日保養

도 任ᄒᆞ신 君恩이샷다

○ 平生의 痼癖 濃情 山水間의 淸遊ㅣ로다

世事ㅣ 蹉跎ᄒᆞ니 白髮이 쟝ᄎᆞ 느즈샤라

무어라 有志者事未이라 ᄒᆞ엿다 뎌를 어이리

○ 動鶴山 ᄂᆞ픈 岩穴 有情도 ᄒᆞᆯ셰이고 大德山

鳥足峯이 詵倂를 ᄂᆞ화 잇다 이 듕에

風景 님자는 내 ᄇᆞᆫ이아 ᄒᆞ노라

316 山間 逍閑ᄒᆞᆫ 景을 내 혼자 님재여니 四時
佳興을 다 도려 뉘 이시리 世上이 合作지
너기나는 화불굴이라

317 山中이 每樣이라 江湖로 가자스라 蓬金
에 모든 麋鹿 못가게 삿도스라 煙浦의
多少 白鷗는 못ᄆᆞᆺ다 기드리ᄂᆞ니

318 春風의 곳이 일흔 秋霜의 닙히 진다
人生도 물이어니 너와 다르지 못ᄒᆞ나고져 늘고
다 至極ᄒᆞᆫ 公道ㅣ라 대ᄂᆞᆯ 젹ᄂᆞᆫ 이이라

319 風塵의 모든 分네 稻間의 ᄇᆞᆯ드러 보ᄃᆞ
[illegible]

320
○ 堆李少年 드라 [illegible] 老
孝採行을 茶餘ᄒᆞ고 [illegible] ᄒᆞ리라
느이 ᄭᅩᆺ가 볼ᄉᆞᆫ 酒色이라 ᄒᆞ노라

321
○ 功名도 念맛기고 富貴任意 [illegible] 竹
杖芒鞋로 [illegible] 江山ᄒᆞ니 仙境이 月
色을 조ᄎᆞ 흥ᄒᆞ여 예ᄉᆞ가 ᄒᆞ노라

322
○ 七十이 古來稀ㅣ라 ᄉᆞ十들히 거의로다
人世를 다 떨치니 鶴唳靑田 밧이로다 松
關의 山果는 蒼猿이 못내 즐겨 ᄒᆞᄂᆞ다

323
○ 東郊의 月上ᄒᆞ니 萬壑이 一色이로다
琴笛소ᄅᆡ [illegible] ᄒᆞ고 [illegible]의 [illegible]

小ㅌ의 [illegible] 歷代大[illegible]

韓中樞歌敍跋

少時游京師慣聞金裕器以歌名於世[illegible]有歌

其歌者聞之若一篇長嘯瀟湘洞庭之月余[illegible]

之及見是書乃知作是書者即金裕器之高弟子

也惟未得面其人而再守其言可[illegible]其音之[illegible]人

之雜也大歌者觀之一事[illegible]

者亦歌也譜雅平萬[illegible]氣脉者亦歌[illegible]

[illegible]

於人未可知[illegible]

能以歌而壽於一世[illegible]此老之識之高可謂[illegible]

則此老之名不隨去歎之去而歎去之宛他惜之

此老之識也甚合哺鼓腹之歌之樂吾天年[illegible]

可見

聖世之風化云爾

可見聖以之風人

花潘中勁書 花[illegible]

可見聖代之風[illegible]

題永言選後

韓維信學歌於金裕罷得不傳之妙及裕罷

先維信歎曰謫從矣吾無知我者矣終身悒悒
不自聊一日謂其里中人朴來源曰吾老矣從中
有永言遂此吾師亦韓也吾懼其將泯滅願冒
學一言以壽其傳子其爲我謀里人遂屬於不
佞佞曰吾言仁者事也余何敢辭然吾已知其人
矣昔者朴公之茂晉以遠山一闋語余曰比韓氏譜
也噫吾已知其人矣是固隱於歌者耶歌以不起死
者耶師死而不肯又能守其古調以不趁時好是
固今世之蕭長夫耶於是作傳以次其授受始終
又就其先生感慨处附以歲詳遺之使歸而志之
歲甲午冬至日清風金鍾[illegible]

題詠言選

余哭家弟容垧千里奔來萬事已無及矣弟所與遊者韓老若獨不相負死生之際古人所云死者復起生者無愧今世大豈易見哉韓老故魁然非庸人而嗟呼弟之臨死生知所託矣韓老少經事嘗有死訴遇獨以善歌聞今年七十餘老且死於里巷泚泚入洞鶴山中或時明不歸云間以所裒輯永言選若干余爲之一言

噫其胸中必有磈磊不得平者壹發之高低短長之唱而亦必有燕趙忼慨之音矣聲之不可并者歌与哭也余方哭矣時則歌固無論也然吾將以与遊者必有相感者存于斯與悲夫

歲乙酉四月 日無名氏人書 金福鉉

題永言選卷後

余不解歌未嘗從歌者遊乙酉春寓於
城浪翁韓維信倜儻人也自袖永言一冊
踵門而言曰此金裕器所裒輯海東歌譜也
裕器妙於歌能寫古調昔以歌揚余之學習
數年而後乃傳其聲裕器死垂五十年其
人其歌俱不可聞響而唯此卷傳於後耳余
今亦老且既衰而猶未除技癢或遇之
輒寓於歌以自遣時自放於山水間旬月忘
耽

返吾志不碌碌衣冠中子亦喜與之倘佯
唱歌詠興意氣今此卷中既係以六三丈士
之作矣子亦盡吾一言余覽其卷且曰古人負
才不遇隱淪窮多托於物以攄其磊落不平
之膺故王績托隱於酒陳摶托隱於睡君平
托隱於卜（嘗托而隱者也）今浪翁其亦托於歌隱者歟吾未知浪
翁真負才不遇如古人否安能觀其顏貌

題永言選後

古頎有山野氣則坎突其老之所[illegible][illegible]
翁雖居闤闠而不屑爲生業獨喜嘯歌自
適於山水而樂與時之名下遊處則其志之
所存可知也雖謂之不遇隱於歌未過也吾雖
不鮮歌豈無一言於其請耶遂書其卷後而歸之

沙伐散人稿

惜乎韓君裒輯之功也乎少有再覆之疾輸叙於
鄉洛之餘與眾儒者游遊而搜覽抽集點撿底則
功又成於細書累牘乎乃美其成於費精力用
工而深隱自家所以暢出樣者不足爲依存放任
者讀之者見此箋中裒輯之功雖家家而看擇
而考其實則但以稚高位而止耳以清從要
而以此爲一觀何用以爲於不當用之地也既擇
若不留心反以默會識機厲然大覺轉
之乎覺者也身是吾身口是吾口而推擇

尋摘衰輯者由在口而多取之身之禍則害[illegible]
身者何也自吾口發之而祕吾之身半以是該[illegible]
形骸之外託詠於風流之間於月引物寄興去[illegible]
谿壑者槃儒俾憂則發歎係懷而道進世慮不
則安庭發而咏發清韻出門而細之塵穩而逗
挹意者咏嘯者歌者懶律者而已而安身遠
襟之末者付一部詩篇之無窮以替其於衰輯諸[illegible]
思之甚也條不侵救轉喜身年憶之長歎而吟[illegible]
膝於細書畢賸晚緣久噓[illegible]者素馬[illegible]儒[illegible]

於佛氏服膺而感嘆之，乃拭斂題而記焉。暮夜書

於道中者一乎，名儒也，似亦有薰其佛頭附驥尾

之譏。於不才者而名乃諸先之后山堂，惟不才之榮

耶。茲不辭而記之

丙戌春巴陵散人李賢書

歌不必軒古輕今，惟本於歌者之用心，視以何可也。尚使古之

必取而今之必放，則自軒義視唐虞簫韶之盛，今也，非

古放簫韶可乎。自宋漢視鄭衛桑濮之音，古也，非今

於宋漢可乎。自是以孟子曰今之樂猶古之樂，[illegible]

以宗泥於時明甚矣[illegible]城草[illegible]能信自少業於
音靡漫情尤長於時調遂名於嶠南不啻王豹之
河西綿駒之爲右[illegible]有與洛人金裕兌遊而於其[illegible]
唱古調反而復和之忽不覺肖然自喜廓然頓悟以
爲平生用力殆屬虛擬拘猾而棄其穀卒毀其
坐於鴈行避影履蹤而進願卒爲弟子求之必循其
軌造之必臻其奧者茲易故不世出矣太和熙洽
唯厲淫哀之聲邪放狄邀之聲充塞而間作謂在
氣爲中氣在聲爲中聲者自有銷鑠不得寓

於生民以知之性則樸渠不云乎律有可訊之理德性
淳厚者可以知之律者音之正也韓老之知音亦如此
德之淳且厚無疑一屋靈方絪縕磅礴可以直己棟德
和四時育萬物之妙燁然具備於虛明湛一之內而猶
柷也有物錮其中然後鳴之琅柷乳鳴於物也始於折
獨皇夢憑然而笑聊可以玩其世而無足以[illegible]則太無
之宗人里耳聲於裡面者執之將發[illegible]當未奋機之[illegible]
者猶不釋於是乎金碧一顧[illegible]初[illegible]韓
[illegible]之國有[illegible]毫末[illegible]

過猶喉之囀矣開口之韻匙動觸心而已導達之

已此心之全体大用惟淳厚二字可以發動則豈非上之

之而詰勅而金石之而暖於字悉在處節族廉肉古無已

之下哉木聲人声雖出當於心本也人也未必

有封泥之矣吟哦之可尋況同氣相求同聲相應

及其至也何者唱之何者和之韓老爲金石能金石

為韓老能人之韓人金固己之調之古今不可二之宜韓

老真者回而重在歌不在心必以彈琵於今鶯遷於

古為巡切能事則傳而称民日遷善而不知爲近之抑

視其本面不必與俗字道皓爲此退拉斯郎今於金
君之傳韓老之變名之以一心譜而歷而德欲看之於
業古畢今茲撤自早比稿附於是後人不惟知歸
老浅金丈看靈喹此筆也也夫

丙戌暮春鷲城過客跋

朴師亭

歌與謌同字可以從言爲謌謌者今之言之也此
有者但古之人有言之不足則歌其言之可嘉
而永而言之故曰歌歌永言古詩風雅諸篇

歌也人皆可言也變而爲衰世之音噫而爲
俗之音亦皆歌也亦有不可不言者今之詩韻
歌多俚諺瑣譚然其亦可言之流歟達城人
韓維信學歌於京師人金裕器老益自喜
輯世俗所謂歌爲譜因人請余曰可跋也二人
者既好歌矣又相從而學矣譜而傳之斯可矣
余不解歌者而跋之其可乎不可乎嘗見伐申老人
亦爲之跋吾知其必以言也又屏也可不必之輯丁

癸九月初吉稷下散人書于江陽郡齋 沈祥雲

余嘗過嶺有以一軸示之曰此閒有善爲綿駒之學者自少而癖習殆忘其食味不惟愛其音調又喜伏其事既自叙所學之由且請於遠遊之有文辭者俾述其嗜好之意予亦爲之言以弁其軸歟遂解其包讀十餘紙嶺表文人之述固爲嘲狼而洛下過去之作者亦或有詠歎之者非絶唱而擅妙者何能濫溢美之辭若是之盛耶 雖然覽其自叙之文藻華燦然令余視殊[illegible]觀也已音聲調之從宥地已當時其以此終之才[illegible]乎正經得成其美則何樂香之家[illegible]

今乃趨於學技祗混於末[illegible]之[illegible]能[illegible]

惜哉磨之無道之藝遂牟其義[illegible]之事而[illegible]

雖不聞其歌其叙有不甚時歌而自發音調[illegible]

於求路寓徽志於永言去唯殺繁促之音導淡雅和平之

聲欲使聽和而殺之衛以感和而殺之終至國和而[illegible]

將見宣暢壹樂感發中和溫溫乎泱泱乎質其[illegible]

於一世者能若然則歌於斯者之功豈曰小補哉古之人亦

多有癖於音律播諸文章者嵇康之琴桓伊之笛是也

此皆者亦擅一藝之妙乎留千載之名而不害其爲風流卓傑

之士矣今吾翁之人其亦嵇桓之流而潛於山巔嶠者耶

丁亥仲春 日 龍山行人[illegible]吳

돈名氏

324 내히 奕타 ᄒᆞ고 남을 흐[illegible]ᄒᆞ져 [illegible] 남이 ᄒᆞ야 [illegible] 我 아니면

곳지 말이 [illegible]이러니 天性을 지[illegible]셔 삼간대로 ᄒᆞ리라

325 世上사ᄅᆞᆷ들이 십들만 ᄒᆞ여 제 허물 젼혀 잇고 남의 요보

눈고나 남의 ᄉᆞ 보거라 말고 졔 허물을 곳치고져

326 녑엿ᄒᆞᆫ자 ᄒᆞ니 모난 뒤 ᄀᆞᆺ일셰라 둘엿ᄒᆞᆫ자 ᄒᆞᆫ나 남의 손ᄃᆡ

둘일셰라 外 둘엿 內 번 ᄎᆞᆺᄒᆞ면 ᄀᆞ 둘 셜줄 이시라

327 가마귀 검거라 말고 海오리 희ᄂᆞᆫ줄 어이 검거니 희거니 一便도 ᄒᆞᆫ

져이고 우리는 수리 둘 움시라 겸도의 노ᄒᆡ 이녜뢰

328 치위를 막을션졍 곳티며 비단 옷가곱흔 비메 울쳔져

山業라 라 關係ᄒᆞᆫ 라 이 밧 [illegible] 顔 [illegible]

라

329 功名과富貴과란世上[illegible]

새누엇새나븜비예달로날[illegible]산가[illegible]

330 時節이太平이로다이몸이閑暇커니竹林深[illegible]午鷄聲아니

듣깁히든一場華胥夢을어늬ᄭᆡ오리

331 아희는藥ᄏᆡ라가고竹亭은뷔엿는듸흣더진바독을뉘

주어담을소니술醉코松下에누어시니節가는줄몰래라

332 世上이말ᄒᆞᆫ거늘떨치고山林에가니一頃荒田과八百桑株뿐

이로다날ᄉᆞ야不足다마ᄂᆞᆫ시름업서ᄒᆞ노라

333 十年을經營ᄒᆞ여草廬三間지어내니나ᄒᆞᆫ間달ᄒᆞᆫ間淸

風ᄒᆞᆫ間맛져두고江山은들일듸업스니둘너두고보리라

334 묵븐靑山上雉와홰에안즌白松骨이집삽ᄒᆞ무살미에ᄭᅮᆫ가

여ᄂᆞᆫ白馬ㅣ로다草堂의너희곳업스면消日이어려워ᄒᆞ리ᄒᆞ노

335 故園花竹들아 우리를웃지마라 林泉舊約이야 잇은적이언마는
은聖恩이 至重하신니 갑고가려 하노라
336 生에恨한기를 義皇적의못난줄에 草衣를무릅고木實을
먹을망정 人心이淳厚한던줄을못내부러하노라
337' 어져可憐하다 宇宙ㅣ어이忽忙린고 南薰殿五絃琴이어늬새에
곳처진지 春風(秋)에 風雨ㅣ亂하니그를슬허하노라
338 嘗中에먹은뜻을 욕결업시못일오고 半世紅塵에남의우음된
게이고 두어라時乎〻〻ㅣ니恨한줄이이시랴
339 홍〻노래하고 란듸궁 북을치고 宮商角徵羽을맛초링경하엿
더니 어긔고 다姐䛖하니 허〻 웃고마노라
340 三角山프른빗치 中天에소사올라 西蜀怎律亂世象闕에
上刪에 盡잠은늘이오니 吃毋衣 醉케 하엿거

341 우지내少年이여 어드러로간거이고 酒肆에 빗겨 ... 白髮가 ...
다 이제야 아므만 쳐잔을 다시오ᄂᆞᆫ 위손

342 늙도존바업고 바른바도업건만 公 ... 白髮이 어드러셔 오거이
白髮이 公道ㅣ업도다 날을몬져 비안다

343 梨花에 月白ᄒᆞ고 銀漢이 三更인제 一枝春心을 子規야 알야마ᄂᆞᆫ
情도 病인양ᄒᆞ여 ᄌᆞᆷ못일워ᄒᆞ노라

344 思郞도ᄒᆞ엿노라 離別도지내엿노라 雪月紗窓에 기들여도보왓노
라 前에 괴던思郞이 語偽런가ᄒᆞ노라

345 비즌술다먹으니 먼딕셔벗이왓다 술집은졔연만ᄂᆞᆫ 헌소새 언마
주리 아희야 셔이지맛고 주는대로바다라

346 곳은밤비에피고 비즌술다닉거다 거문고가진벗시 오ᄂᆞᆫ다ᄒᆞ니 오ᄂᆞᆫ
아러니 아희야 茅簷에 달올른다 순소알야 보와라

347 물알에 그림재 지니 다리우희 즁이 간다 져 즁아 게 셔거라 너 가는 듸
물어보쟈 막대로 白雲을 ᄀᆞᄅᆞ치며 말 아니코 가더라
348 가마기 ᄎᆞᆷ아 가마기 빗치나기 자닌가 昭陽日影을 제 혼자 ᄯᅴ여 온
다 늬라셔 江湖에 숨은 蔦을 上林花에 올리고
349 희도다 이 계면 山河로 도라들고 ᄉᆞᆯ로 보ᄅᆞᆷ 後면 곱부릇 이저 간다
世上에 富貴功名이 다 이런가 ᄒᆞ노라
350 秦淮에 비를 미고 酒家을 ᄎᆞᄌᆞ가니 隔江商女는 亡國恨을 모르
고셔 煙籠水 月籠沙ᄒᆞᆫ듸 後庭花을 브르더라
351 洞庭 ᄇᆞᆰ은 ᄃᆞᆯ이 楚懷王의 넉시 되야 七百里 平湖에 [illegible]이 [illegible]
352 [illegible] 三閭 魚腹裡忠魂 [illegible]
[illegible]

[illegible]道거던 ᄒ믈며 [illegible]
353 鞠躬盡瘁ᄒ야 죽은後에 말올지나 [illegible]
어두고 赤松子 좃ᄎ려노라 거즛말도ᄒ는고야
354 力拔山氣蓋世ᄂ 楚霸王의 버금이오 秋霜節烈日忠은 伍子胥의
우히로다 千古에 凜凜ᄒ 丈夫ᄂ 壽亭侯신가 ᄒ노라
355 두어도다 뎌 ᄂ는가슴 드는칼노 헤여내여 珊瑚箱白玉函에 點點이 담앗
다가 암모나 가는이 잇거든 님계신듸 보내리라
356 主辱臣死ㅣ라 ᄒ니 내죽엄즉ᄒ건만은 큰갈녑희ᄎ고 이제도록
사랏시ᄂ 聖主의 萬德中興을 다시보려ᄒ노라
357 華豪코 富貴키야 信陵君만ᄒ가 만은 百年이못ᄒ여 무덤우희
밧출가니 ᄒ믈며 날ᄀᆞᆺ흔 ᄂᆡ흰은 이야 아니 놀고어이라
358 長生術 거즛말이 不死藥을 긔뉘본고 秦王塚漢武陵에 暮烟秋

359 草堂이로다 人生이 아츰이슬이라 아니 놀고 어이ᄒᆞ리
善으로 밴일 보며 惡은 흉인 일 본ᄂᆞᆫ가 이 두 즈음이 取捨ㅣ 아니 明白ᄒᆞᆫ가
眞實로 惡ᄒᆞᆫ 일 아니면 自然 爲善ᄒᆞᄂᆞ니

360 言忠信 行篤敬ᄒᆞ고 酒色을 삼가ᄒᆞ면 내 몸에 病이 업고 ᄂᆞᆷ을 아니
무이ᄂᆞᆫ이 行ᄒᆞ고 餘力이 잇거든 學文조차 ᄒᆞ리라

361 一千株 심근 남기 다만 두리 香告기라 ᄒᆞᆫ 남근 紫丹이오 ᄯᅩ ᄒᆞᆫ 남근
沉香이라 沉香이 紫丹을 만나 ᄡᅥ날 뉘를 모르ᄂᆞ다

362 楚江 漁父ㅣ들아 고기 잡아 ᄉᆞᆷ지 마라 屈三閭 忠魂이 魚腹裏에 드럿ᄂᆞ니
忠魂이 도러ᄂᆞᆫ데 어데 복니라 인단도 鼎鑊에 ᄉᆞᆯ믄들 ᄀᆡ려

363 술은 잔 먹고 술 먹은 뒤 엇더ᄒᆞ리 곳 거쳐 우는 것 새소리 ᄂᆡ친
잣 먹고 뒤 들 니 숄 ᄀᆞ올 여데 에 ᄂᆞ니
ᄉᆞ이더 아 회아 잔 가다 ... 양 靑山 ᄇᆞ엿

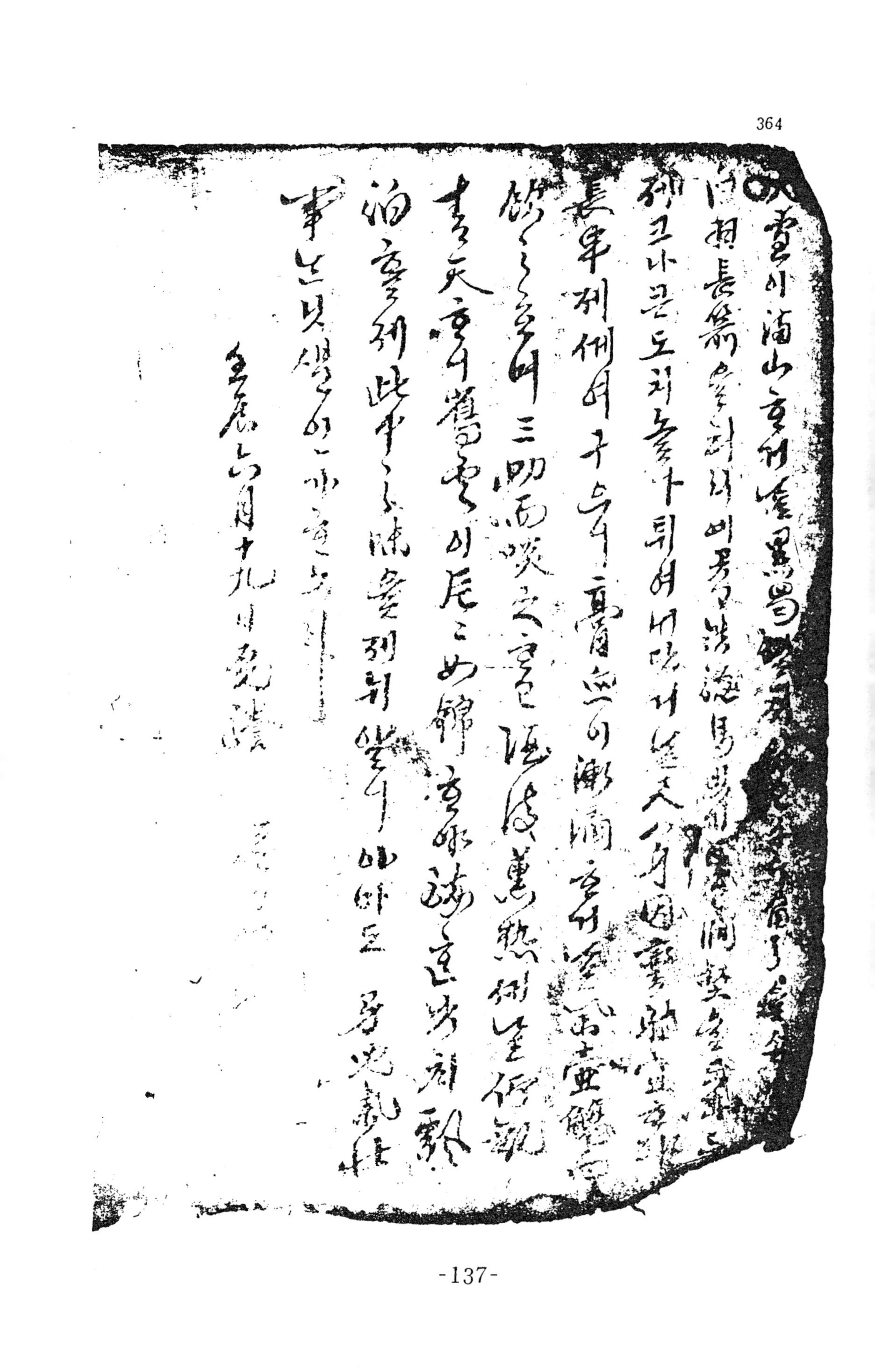

[illegible]

接騷聳數多葉可合著抄集

365 어제밤도곱숭구려새오좀자고 지낸밤도혼자곱숭구려새오좀자니 어인놈의 八字ㅣ가 晝夜長常에곱숭구려새오좀만자나 오늘은 그리던님만나 발을펴보리고 촌촌휘감아 잘가ᄒᆞ노라

366 太公의고기낙던낙대 긴줄미야압내헤가셔 銀빗ᄀᆞᄐᆞᆫ錦鱗魚를 ᄂᆡ여드ᄂᆞᆫ 품의메여들고오니 杏花村酒家에 모른벗님네ᄂᆞᆫ 더되온다 ᄒᆞ더라

367 서접이器俱가업서 벗이온들므서스로對接ᄒᆞ리 압내여흘에 ᄂᆞᆫ 고기魚를키야온삽쥬에속꼬와노코 엇그제비준보리술을걸러 박국이를ᄯᅳ여내여라

368 思郞을츤츤열동혀뒤설머지고 泰山峻嶺을허위허위넘어가니 모른벗님네ᄂᆞᆫ 버리고가라ᄒᆞᆫ다만ᄂᆞᆫ 가다가 자즐진들

369 百年을 使人으로 壽ㅣ라도 憂樂中分 百年을 況是百
年 살이나 不如長醉百年前이라 ᄲᅮᆫ도 이ᄂᆞᆫ 술을 ᄒᆞᆫ 不
ᄒᆞ노라

370 어나 벗이어니 ᄒᆞ고 날마다 ᄃᆞ려 라 雖 말마소 내 當報 님의 盟誓
오로다 虛事로다 情ᄆᆡᆺ고 못일울 盟誓ᄒᆞ야 ᄒᆞ여 므ᄉᆞᆷ ᄒᆞ리오

371 알어니 ᄀᆞᆯ어나 ᄒᆞ고 世俗寄別傳ᄒᆞ닐아 남의 是非 나의 알배
아니로다 瓦樽에 술이 닉어지면 긔 조혼가 ᄒᆞ노라

372 모르지나 세지낫 中에 죽은 後면 뉘 아더냐 나 죽은 무덤우희 밧 ᄎᆞᆷ
가나 논을 미나 酒不到劉伶墳上土니 아니 놀고 어이리

373 성섭 놀라 올슨 秋天에 가려 이로다 너ᄂᆞᆫ 라나 울쉬 님이 分明
알아 보ᄂᆞᆫ 消息을 못ᄂᆞᆺ처 믿지 울어 ᄯᅢ 안 ᄒᆞᄉᆞ니

374 새벽셜이지ᄂᆞᆫ달에 외기럭이 울어옐제 반가온님의消息힝
혀올가보라더니 다만지 蒼茫ᄒᆞᆫ구름밧긔 뷘소ᄅᆡ만들니더

375 ○白髮이有名이런들 사ᄅᆞᆷ마다ᄃᆞ톨셰니 날ᄀᆞᆺᄐᆞᆫ愚拙은늙도록
못보려니 世上에至極公道ᄂᆞᆫ白髮인가ᄒᆞ노라

樂時調

376 北邙山川이긔엇더ᄒᆞ여 古今人이다가ᄂᆞᆫ고 秦始皇漢武帝도採
藥求仙ᄒᆞ여브듸아니가랏더니 엇더타 驪山風雨와茂陵松
栢을굿어슬허ᄒᆞ노라

377 ○노새ᄌᆞᄌᆞ미양長息노새 낫도놀고밤도노새 壁上에그린ᄃᆞᆰ이
ᄭᅢᆨ괘ᄒᆞᆼᄒᆞᆼ치고긴목느르혀홰ᄌᆞ쳐우도록노새그려 人生이아ᄎᆞᆷ
이슬이라아니놀고어이리

378 ᄇᆞᄅᆞᆷ은天地動케불고 ᄀᆞᄂᆞᆫ비ᄂᆞᆫ ᄲᅮ리ᄂᆞᆫ날에

379 [illegible]은 물을 섯도 만나 ᄒᆞ고 [illegible]
에 제어이 오죽 眞實로 육가 굿 올 쟉 [illegible]
이 모은 갑이라 ᄒᆞ올로 ᄒᆞ오며 두더지라 새흐로 들어 [illegible]
에 벌려 플셔 일나 ᄂᆞᆯ쌍 걸셔 네 어듸로 갈셔 져 님아 [illegible]
벌려서 나 어이 ᄒᆞ려 ᄒᆞᄂᆞ니

380 눈아ᄒᆞᄒᆞ 얄믜온 눈아 두 손 長가락 ᄉᆞ올로 질너 머르칠 눈 [illegible]
님을 볼 ᄯᅢ라도 본동 만동 ᄒᆞ라 ᄒᆞ고 내 언제 븟더 情 [illegible]
아마도 이 눈의 지위예 ᄯᅡᆯ만 ᄒᆞᆯ사 ᄒᆞ노라

381 閣氏네 玉ᄀᆞᆺ튼 가ᄉᆞᆷ 어이 ᄒᆞ여 다혀 볼고 綿細紫芝 쟉져구리 [illegible]
에 깁젹衫 안섭히 나 되야 죤득ᄌᆞ 다혀 보고 지고 잇다가 [illegible]
븟닐 져거셔 힐쉬를 모로리라

382 눈썹은 수나븨 앉즛ᄃᆞᆺ ᄒᆞ고 닛바대ᄂᆞᆫ 박시ᄉᆡ 가셰운ᄃᆞᆺ 날보 [illegible]

383 고방삿운산양은三色桃花未開峯이ᄒᆞ고빗ᄲᅡᆺ氣韻에半만
로픠形狀이로다 春風에 蝴蝶이 되야 녀갈곳 마다 ᄒᆞᆫ니리라
콩밧티드리콩닙뜨더먹ᄂᆞᆫ 갑은쇼야지 아모리 쫏촌들 저어듸
가며 너블아에든님을빨로투박차 미쳐ᄒᆞ며어셔나가라
ᄒᆞᆫ들 날ᄇᆞ리고저어듸로가리 아마도 ᄊᆞ호고못말을손님이
신가ᄒᆞ노라

384 덕들에나모들사오 져장ᄉᆞ야 너나모갑언매니 ᄉᆞ리나모ᄒᆞᆫ동
에ᄒᆞᆫ말치고검주나모ᄒᆞᆫ동에 닷되를쳐셔合ᄒᆞ야 혜면마닷
돼밧솜에 삿셔 히여ᄂᆞ고블살보ᄋᆞᆸᄉᆞ니 ᄒᆞᆫ젹곳 사셔
보오면 미양삿셔 히자ᄒᆞ호리

385 덕들비臙脂라 粉들사오 져장ᄉᆞ야 네 [illegible] 곱[illegible] 사
ᄃᆞᆫ 비록 아니 ᄒᆞ되 ᄐᆞ로 [illegible]

眞寶로 그러ᄒᆞᆫ량 [illegible] 말에 채
라라

386 뒥들에 자릿둥미 사오 져 장ᄉᆞ야 네 둥미 갑 언마니 사쟈
두疋 ᄊᆞᆫ 둥미 ᄒᆞᆫ疋 밧습니 ᄒᆞᆫ疋 ᄡᅥᆫ이 못ᄊᆞ나 半疋 받소 半疋이나
밧습니 항우은 말 마소 ᄒᆞᆫ 적곳 ᄊᆞᆺ다라 보오면 每양 사셔
자ᄎᆞ오리

387 뒥들에 동난지이 사오 져 장ᄉᆞ야 네 황호 그 무어시라 웨ᄂᆞ니 사
쟈 外骨內骨 兩目이 天上 前行後行 大아리 二足 小아리 八足 靑
醬黑醬 오스슥 ᄒᆞᄂᆞᆫ 동난이지이 사오 장ᄉᆞ야 하 거북이 웨지
말고 게젓이라 ᄒᆞ여라

388 石崇의 累巨萬財와 杜牧之의 橘滿車 風彩라도 ᄇᆡᆨ일 홀
쎄제 연장 零生ᄒᆞ면 ᄉᆞᆯ아리 ᄡᅡᆺᄎᆞᆫ 롸 져주어서 ᄭᅩᆺᄒᆞᆫ

나 貧寒코 風度埋沒하셔다도 [illegible] 하야 내것과
如合符節하면 뎌서 남인가 하노라
389 半여든에 첫계집을 하니 어릿두릿 우벅주벅 주글番 살番
하다가 에후리혀 잔득 안고 이리저리 하니 老都令의 마음이
홍글항글 眞實로 이 滋味 아옵더면 길적브터 할랏다
390 새약氏의 집 간 날 밤의 질방거리 놋스려 넙리옵나 어여미
어르기를 물라 도라 하는괴야 새약시 對答하되 시어미 아들은
이 우리 집 全羅道 慶尙道로 會寧 鍾城 다 하흘 못 쇼게 셔
려 어거르 취시너 그로 비겨보와 도냥위장 할까 하노라
391 바독바독 뒤얽거진 놈아 제발 비자 네게 물가에란 오지마라
큰 쥰치 허리 긴 갈치 두르쳐 메유기 [illegible] 금을 치 文魚 [illegible]
[illegible]

[illegible]흥[illegible]장이[illegible]

호응사라 눈 긴[illegible] 게 엽[illegible] 가[illegible]

라나는 듸 열업시 상 길로 져어 둥이는 듯[illegible]

애쓰는 듸 바소곳 뭇 믈거머리 와[illegible] 纓子 굿틋 杖鼓 아레[illegible]

줄도 모로고 죠 들만 혼다 아마도 너곳 [illegible]

事로다

392 囟내고져 囟을 내고져 이내 가슴에 囟을 내고져 고모장지 세살장

들장지 열장지 암돌져귀 수돌져귀 비목걸새 크나큰 長

리로 뚝닥 박아 이내 가슴에 囟을 내고져 님 그려 하 답답흔 제면

들여다 져볼가 호노라

393 세 열굴 검고 얽으기 本是 아니 검고 얽으레 江南國 大宛國으로

ㄱ 바다 건너 오신 작은 손님 큰 손님에 뜰이 仕度 [illegible]

394 뎌침에白煕이검고얼리에그러나 閔氏너흥구석의㭔石셧아두
고보옵소
한숨에한숨아네여이 듬으로드려온다고모장줏 細살장줏들장줏
열장줏암돌져우수돌져귀 비목걸살큰자 큰즘을셰로수기
즘갓더 屛風이라덜여 져鑊ᄒᆞ라되던즘모다네어너
듬으로드려온다어인지너온셧빨이면숨못ᄒᆞᄂᆞ라

395 萬頃滄波之水에 둥셔는블야금이게유와올히비슬음셩
鶬鶊이동당너시江城드는울음이틀아 너셔는물길희물알고
셧는모로고둥셔는 우리도새님거려두고깁희를몰라 ᄒᆞ노
라

396 온모도돌도빠히엽슨뫼혜뻐게올치사소리야
사랑이온대 一千石시름비에

신지 고닷 부러 물결 ᄒᆞ고 안개 잇셧ᄒᆞ니 지 청 빈엇다
千里萬里 닫고 四面은 검어ᄒᆞ득 졀ᄒᆞ니 지노온 ᄉᆞ이
397 난 씻고의 안과 엿그제 님여흔 나의 안히야 잇다가 ᄒᆞ온 ᄒᆞ니 ᄉᆞ
앗구려 검주나모 붑ᄲᅧ혀도 宗이 업고 앗구려 님의 思郞 造
룩에 보존 술이로다 필쎄 ᄋᆞ위 ᄉᆞ선 피다가 後담 엽서자거고
398 記前朝舊事ᄒᆞ니 曾此地어 會神仙이라 向月地雲階ᄒᆞ야 重
携翠袖ᄒᆞ고 来拾花箋이라 繁華ᄂᆞᆫ 總隨流水ᄒᆞ니 嘆一場春夢
杳難圓이라 廢港芙蕖 積露ᄒᆞ고 斷堤楊柳ㅣ 遶烟이로다
兩峯南北이 只依然ᄒᆞ되 輦路에 草芊芊ᄒᆞ니 悵別館離宮에 烟消鼎
盖오 波沒龍舟이라 주生銀龍 金屋에 對茶燈 無焰 夜如年
이라 落日牛羊은 壟上이오 西風燕雀 林邊이러라
玉腎頻紅 繁ᄒᆞ니 第一色인 즐은 ᄂᆞᆫ 너를 아라 나와 明月 黃昏

399

구름山中白髮翁이고요獨坐向南峯이라 ᄇᆞ람부니松

琴이요안개셰니雙成虹이라 주적啼禽은千古恨이요적다

鵑鳥ᄂᆞᆫ一季豐이로다 어니귀서 山麻實고나ᄂᆞᆫ호읍로

樂無窮이가ᄒᆞ노라

400

西塞山前에白鷺飛ᄒᆞ고 桃花流水에鱖魚肥라 青蒻

綠蓑衣로斜風細雨에不須歸로다 이제ᄂᆞᆫ張志和업스니

눌더블어놀니요

401

玉ᄀ採ᄃᆞᆯᄀ採ᄒᆞ무되던가 月中桂樹[illegible]버혀내서시위도다

寒殿뒤히소서리여든나어두컴컴ᄒᆞᄂᆡ 져날에

곳부스름내님이될새ᄒᆞ노라

蔓數

402

[illegible]님은수레가거든코고온다노고내님[illegible]

을 못내 닐러ᄒᆞ더라

403 두고가는의 안과 보내고 잇는의 안과 두고가는이는 雪擁関에 馬不前 ᄲᅮᆫ이엿ᄂᆞ와 보내고 잇는의 안흔 ᄉᆞᆼ堂 ᄒᆞᆫ 恨不窮인가 ᄒᆞ노라

404 大丈夫ㅣ 天地間에 ᄒᆞᆯ일이 바히 업다 詩書를 ᄒᆞ쟈 ᄒᆞ니 生識字 憂患始오 劒述을 ᄒᆞ쟈 ᄒᆞ니 乃知兵者ㅣ 是凶器로다 奄하로 酒肆靑樓에 나 뎌뎌 볼가 ᄒᆞ노라

405 二十四橋 月明ᄒᆞ되 佳節은 月正上元이라 信兆는 閣街欲ᄒᆞ고 봄遊도 携笻步蹀이로다 四時에 觀燈賞花歲時伏臘도 드리 萬姓同樂ᄒᆞᆷ이 오ᄂᆞᆯ인가 ᄒᆞ노라

406 司馬遷의 鳴萬古文章 王逸少의 掃千人筆法 劉伶의

嗜酒와杜牧之의好色은百年從事ᄒᆞ야一身의兼備ᄒᆞ더니와
마도 雙全키어려올손大舜曾參孝와龍逢比干忠이로다
407 岳陽樓에올나안자 洞庭湖七百里를 四面으로두러보니
霞는與孤鶩齊飛ᄒᆞ고秋水는共長天一色이로다 어즈바 滿
秋興과數聲漁笛뿐이로다
408 白雲은千里萬里明月은前溪後溪 罷釣歸來ᄒᆞᆯ제[illegible]
끄기께여들고斷橋를건너杏花村酒家로드러가니눈이直
實로 네興味언매오ᄒᆞᆯ곳칠가ᄒᆞ노라
409 아마도放蕩ᄒᆞ믄 青蓮居士李謫仙이 玉皇香案前에셔
庭經그릇닑고人間에謫下ᄒᆞ야酒肆에藏名ᄒᆞ고采石에
ᄒᆞ다가긴고래등고飛上天ᄒᆞ니 이제는第一江南風月
[illegible]가ᄒᆞ노라

410 [illegible]오의어마님어이[illegible]의[illegible]
뎌ᄯᆞᆯ를블졀너시나이를어이ᄒᆞ려뇨ᄲᅡ마님[illegible]
뎌졍마라우리도졈어신제毅[illegible]시것거보ᄋᆞᆺ노[illegible]

411 나ᄂᆞᆫ님혜기를 嚴冬雪寒에 孟嘗君의狐白裘곳ㅣ 그
날ᄂᆡ기를三角山中興寺에니ᄲᅡ진늘근즁의 살성긘어레
빗이로다 ᄡᅡᆨ思郞 외즐김ᄒᆞᄂᆞᆫ뜻을하ᄂᆞᆯ이아ᄅᆞ시돌[illegible]
ᄒᆞ게ᄒᆞ쇼셔

412 姑蘇臺와岳陽樓 滕王閣으로ᄇᆞᆯ벗고셩ᄋᆞᆷ올ᄋᆞᄂᆞᆫ[illegible]
죽ᄂᆞ니도그ᄂᆞᆫ아모ᄯᅡ로ᄒᆞ여보려니와 眞宗로 님와ᄋᆞᆺ산
라ᄒᆞ면그ᄂᆞᆫ그리못ᄒᆞ리라.

413 여우화벗님네야 님의집의勝戰ᄒᆞ리가새 前營將後營
將中軍別將千把摠哨官朱囉ᄂᆞᆫ太平簫錚북을힐리ᄒᆞ

동팽ᄒᆞ며 님의 집으로 드러가셔 아무리 楚霸王 項籍일
두리줄이 ᄒᆞᄂᆞ시라

414 碧紗窓이 어룬어룬커ᄂᆞᆯ 님만 너겨 나가 보니 님은 아니오고
明月이 滿庭ᄒᆞᆫ듸 碧梧桐 져즌 닙희 鳳凰이 ᄂᆞ려와셔 [illegible]
[illegible]

415 萬里長城엔 담안에 阿房宮을 놉히 짓고 沃野千里 [illegible]
[illegible] 數千宮女 알픠 두고 [illegible] 를 [illegible]
[illegible]

암아도 耳目以聽와 心志의 [illegible]
은 [illegible] 인가 ᄒᆞ노라

416 昭烈之喜怒를 不形於色과 諸葛亮之大才 三代上人物
將帥의 熊虎之勇力으로 攻城略地 [illegible]
[illegible] 古今에 [illegible]

417 白吉男兒의 豪心筆[illegible] [illegible]

甲第車馬 晋室王謝 風流文物 白香山 [illegible]

汾陽花園 行樂은 좋거니와 [illegible] 엇아 노르니 [illegible]

[illegible]高을 이끌고 太和湯 五六瓶에 [illegible]子[illegible]歌[illegible]

去來하야 老兒 太平은 類ㅣ 업시 [illegible]

418 陽遊西山 [illegible]山하고 山이 부른 [illegible]石[illegible]을 [illegible]

眞喜樂 恐有愁라 尾月溪을 [illegible] 齊[illegible]亭 [illegible]

도라온 후 남으려 우는 물은 [illegible]소 [illegible]

高堂廣室 나는 마다 錦衣玉食 [illegible] 銀[illegible]

419 貨財田畓 [illegible] 치마 大殿 [illegible]

織[illegible] 石雄黃 [illegible] 도라 [illegible]

다의 願하기는 말잘하고 글잘하고 얼골 [illegible]자
리잘하는 書房인가 하노라

술이라 하는거서 어이 삼긴거시완대 一盃 [illegible]
盃하면 恨老淺憂者 樂에 扼腕者 蹈舞하고
吟者 謳歌하며 伯倫은 頌德하고 嗣宗은 流涕하고
說明은 葛巾素琴으로 聆庭柯而怡顔하며 太白
은 接䍦錦袍로 飛羽觴而醉月하니 아마도 사름
의 기는 술만한거시 업세라

[illegible] 장사 小大한 朝寧大 비장사 [illegible]
에 길은 닦은 놈을 [illegible] 박아지 장사 [illegible]
[illegible] 장사 [illegible] 도라 물레장사 우물 [illegible]

422

…라

大丈夫ㅣ 功成身退하여 林泉에 집을 짓고 萬卷書 싸하 두고 종하여 밧가리라 보라매 길드리고 千金駿馬 알픠 두고 金樽의 술을 두고 絶代佳人 겻틔 두고 碧梧桐 거문고에 南風詩 노래하며 太平烟月에 醉하여 누어시니 아마도 大丈夫의 하올 일이 이 뿐인가 하노라

423

漁村에 落照하고 江天이 다 밝앗진 제 小艇에 그물 싣고 十里沙汀 나려가니 兩岸 紅綠에 黃鸝 은 섞여 날고 桃花流水에 鱖魚 살졋는데 柳橋邊에 배를 매고 고기 주고 술을 바다 欸乃聲 中에 달을 띄여 도라오니 江湖至樂이 이 밧긔 또 잇는가 하노라

426 425 424

[illegible]아니냐 孔孟顏曾은 明明白白[illegible]

太公兵法의 와내여 말만한 大將[illegible]

가지고 金壇의 告하니 안자 萬馬千兵을 指揮[illegible]

두고 坐作進退하미 기야 快活하[illegible]

하는 일을 연비를 나느하리라

엽줄 좇고 옷 不正하던 아 以情交자 [illegible]

속기는 어던 情詩子를 曰黃昏而爲期하여 자로 가니

입을 줄 아도 아 나라 두어라 猖獗治業이 [illegible]

하던 蕩子는 探春好花情이 彼家의 一般이라 [illegible]

줄이어라

[illegible]이 肇判하여 萬物이 始令이 制 [illegible]

[illegible] 是人 [illegible]

이經天緯地ᄒᆞᄂᆞᆫ人[illegible]
에禹湯文武와周公孔子ㅣ나시와作典章法度ㅣ[illegible]
文物이郁郁彬彬ᄒᆞ야이런책임도ᄒᆞ다ᄒᆞ며이ᄉᆞᆫ이生
주믈殺身節義殉命ᄒᆞ니라
天君이赫怒ᄒᆞ야愁城을치오실ᄉᆡ大元帥撤衛將軍[illegible]
은青州從事沆步兵蔚騎ᄒᆞ고李太白倚亭擻ᄒᆞ야[illegible]
瑇瑁濃은先鋒掩襲ᄒᆞ고西卯杓力士鐺을挾擊[illegible]
ᄒᆞ고糟丘臺에올나안자伯倫을頌德ᄒᆞ고月提會[illegible]
馳ᄒᆞ야告厥成功ᄒᆞᆫ後에工列ᄒᆞ며耳熱舞蹈ᄒᆞ야[illegible]
角을仗ᄒᆞ며覇業難守誠難ᄒᆞ고又難歌凱[illegible]

아니[illegible]榮辱이ᄲᅮᆫ이로다東門에掛[illegible]

430 429

聖經賢傳 [illegible]

[illegible] 되외 刻象 [illegible] 臨高 [illegible]

逍遙하니 清風이 時로 오고 晴霽 明月은 自來 閑 [illegible]

天壤之間에 이 그지 즐거움을 두어 [illegible] 代 [illegible] 一生

[illegible] 즐기다가 [illegible] 化歸 [illegible] 흠이 [illegible]

太古 [illegible] 皇之天이라 一寸無壞之地에 萬里江山이 [illegible]

[illegible] 採於山 釣於水에 [illegible] 銀鱗 [illegible]

[illegible] 品도 [illegible] 되 [illegible] 松風 蘿月이 [illegible] 野 [illegible]

物外 [illegible] 하고 山林經濟는 이 [illegible] 이라 [illegible]

[illegible] 헤여 [illegible]

[illegible]

432 431

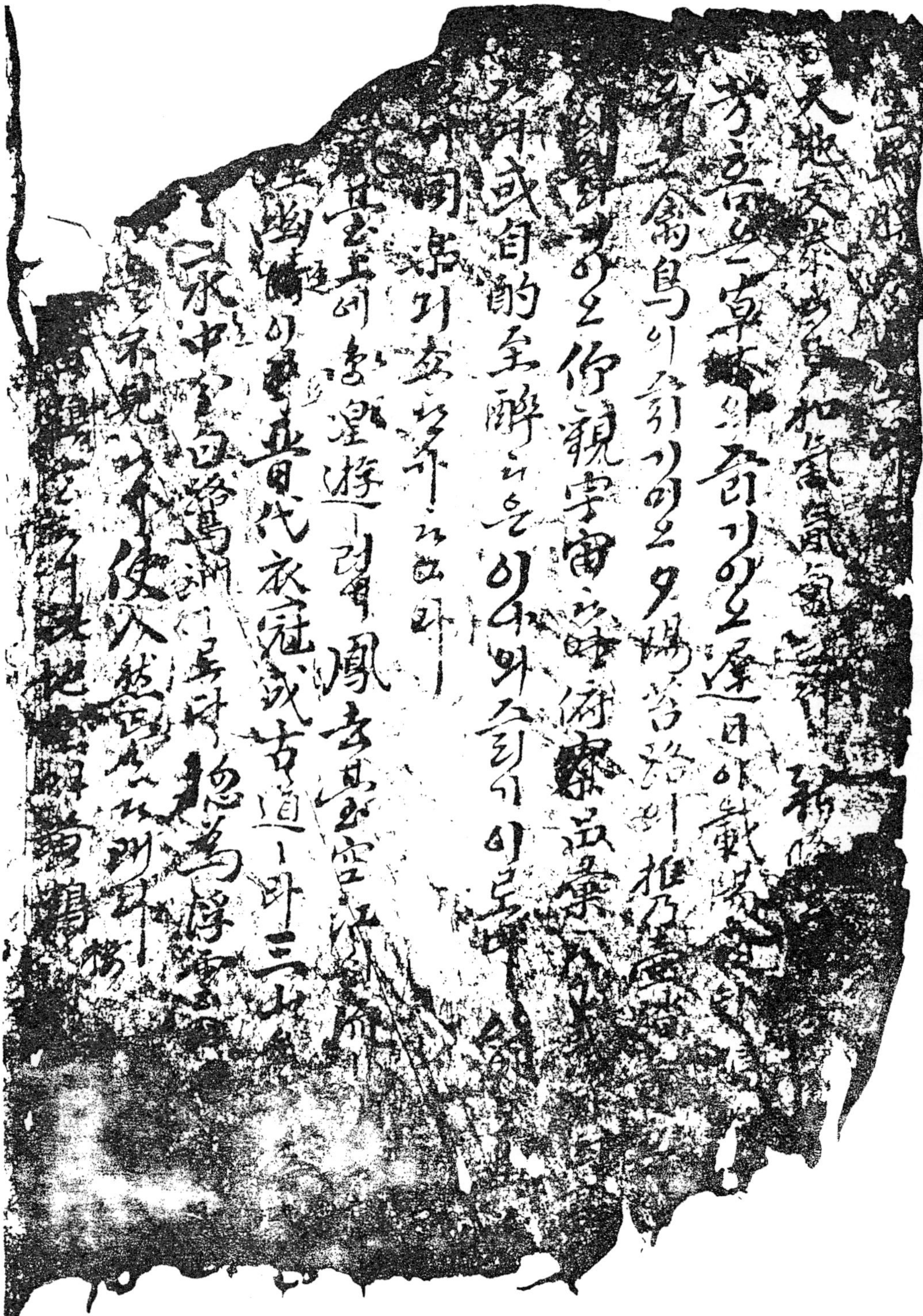

436 435 434 433

440 439 438 437

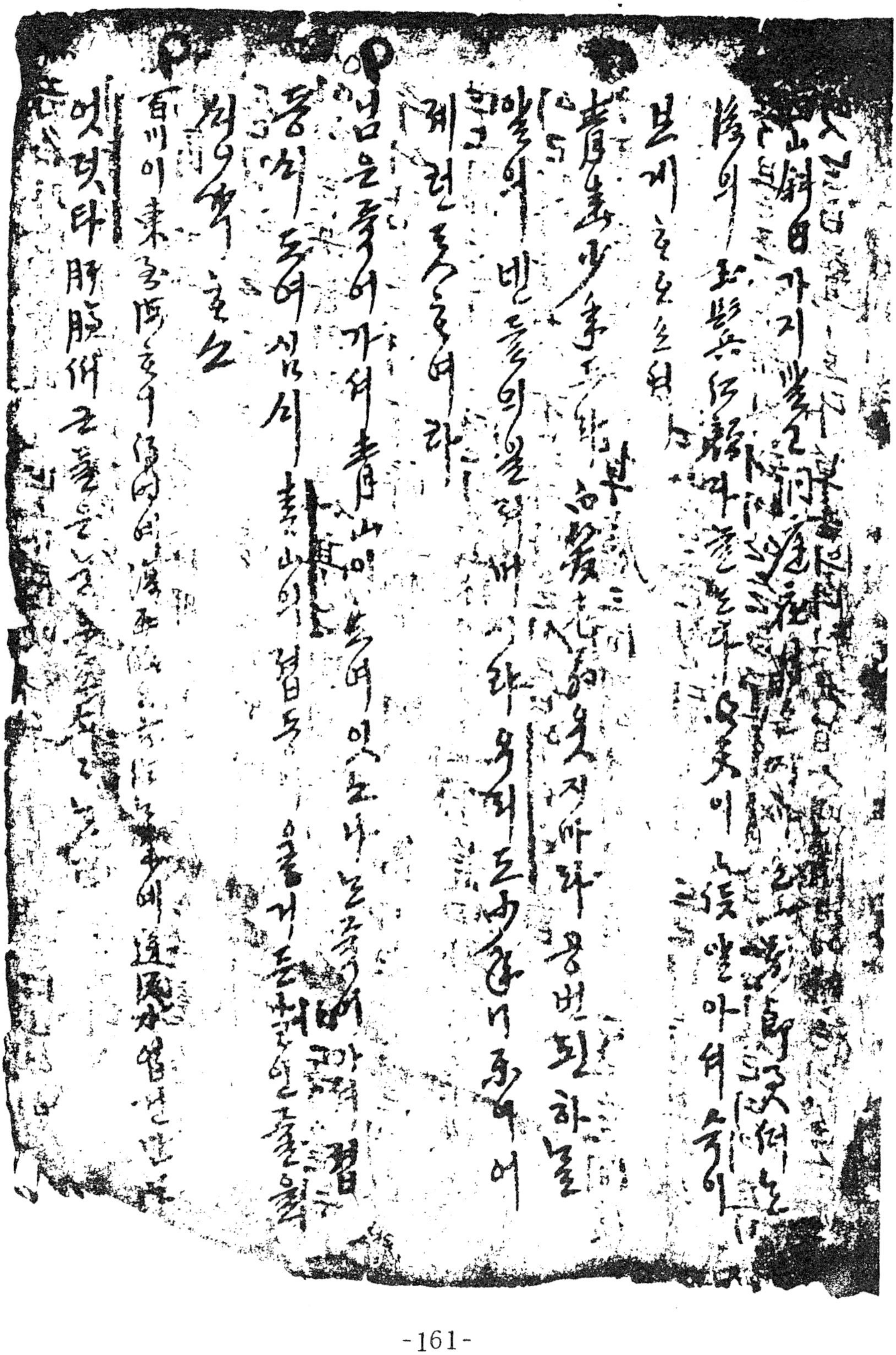

441 南山松柏은 杳杳ᄒᆞ고 [illegible] 이 命
聖主ᄂᆞᆫ 此山水ᄒᆞ야 山崩水涸토록 千萬歲나 ᄒᆞ
오月 우리도 康衢의 遠民ᄒᆞ여 鼓腹擊壤ᄒᆞ리라

442 봄ᄂᆞ 까ᄂᆞᆯ 니시니 다시 졈ᄂᆞᆫ 봄ᄒᆞ여 ᄂᆞ야 ᄒᆞ엿라
져 白髮이 네 ᄭᅳᆺᄎᆞ ᄒᆞ여 더 ᄃᆡᆫ ᄂᆡ게 ᄒᆞ여라

443 술아 너는 어이 ᄒᆞᆫᄂᆞᆺ 블게 ᄂᆞᆫ이 ᄒᆞᆫᄂᆞᆺ 블쉬ᄂᆞᆫ 白髮도
검기로 블진 실ᄂᆞᆫ 검거곳 검게면 長醉不醒ᄒᆞ리라

414 각시네 곱실 갈이 丈人詞가 二人詞가 龍泉詞 比翁詞 君王詞
말이 곱ᄂᆡ 丈夫의 肝膽ᄒᆞᆫ 이 버히ᄂᆞ니라

445 天地ᄂᆞᆫ 언제나며 萬古ᄂᆞᆫ 뉘 아던고 萬古美稀이 몃 ᄀᆞ치나지
너 갈 ᄯᅢ ᄒᆞᆫ 一片 明月 아ᄂᆡ 나 ᄇᆞᆯ가 ᄒᆞ노라

446 多少의 碑 문게와 나귀등의 실녀시니 十里江山이 夢裡예

치더거다 어리셔 [illegible] 안즈든 ᄇᆡᄅᆞᆯ [illegible] 노라

447 달이 두렷ᄒᆞ여 [illegible]室의 걸녀시니 萬古風霜의 何許 졋

[illegible] ᄒᆞ라 ᄭᅢ노ᄅᆞᆫ 노의 碑家를 ᄒᆞ여 ᄒᆞ라 ᄆᆞᆯ게 ᄒᆞ라

448 달빗치 두렷ᄒᆞᆫ 明月을 번긔ᄀᆞ치 엇ᄃᆞ보ᄅᆞᆯ 비가치 ᄒᆞ라 가라

ᄀᆞ람가지 허여지니 가슴의 바람ᄀᆞ치 ᄒᆞᆫ 풍에 만하리 ᄒᆞ여고

449 櫂歌를 草堂의 石橋의 누어시니 松風 거문고 在[illegible] 소리

로다 아ᄒᆡ야 도롱ᄉ 삿갓 ᄂᆞᆫ ᄇᆡ엿ᄂᆞᆫ가 ᄒᆞ노라

450 蒿芒 ᄂᆞᆫ 봄ᄉ 올은 三月春風 바리ᄅᆞᆯ [illegible] 天外 [illegible]

연노다 아야 도[illegible] ᄒᆞ노라

456 455 454 453 452 451

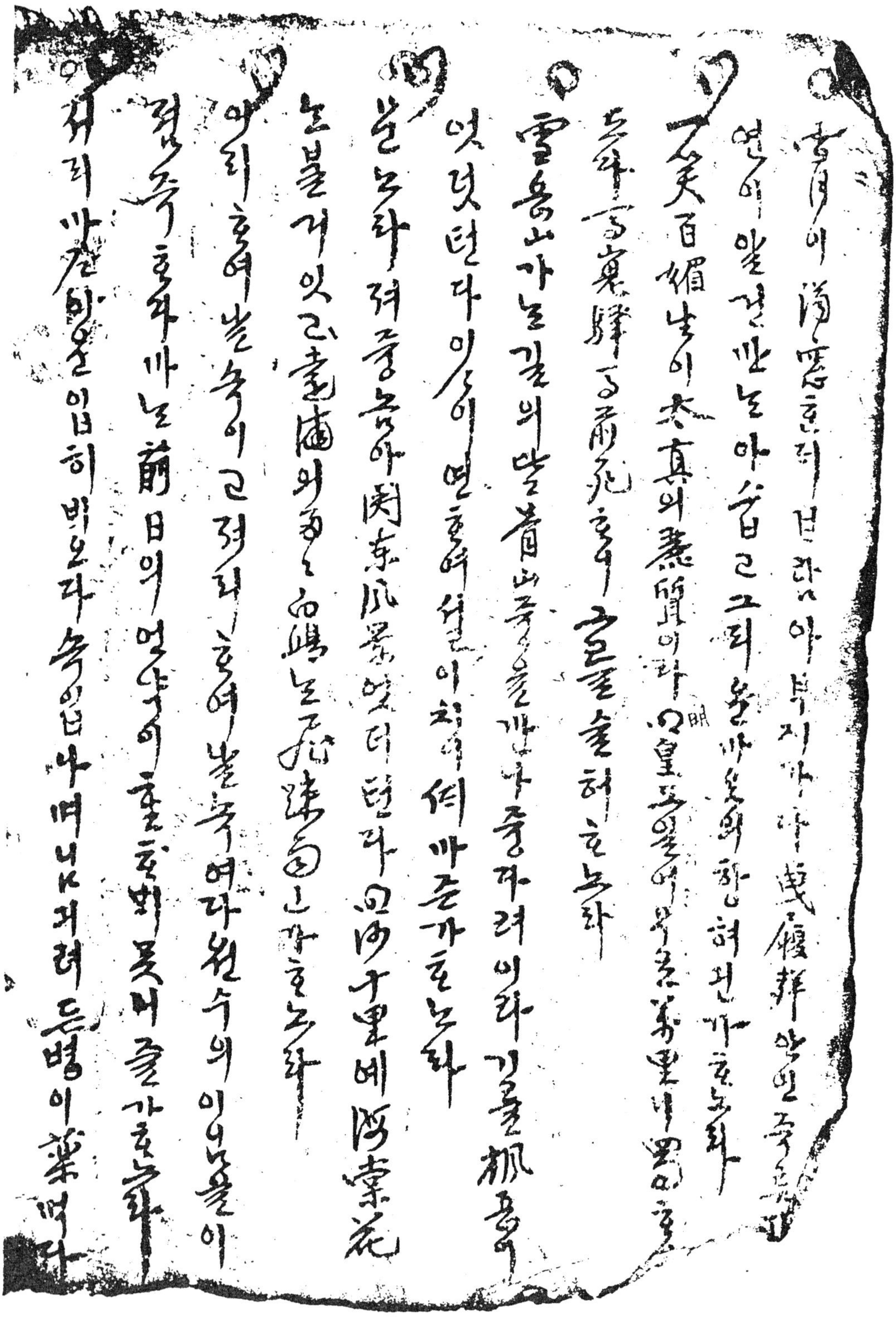

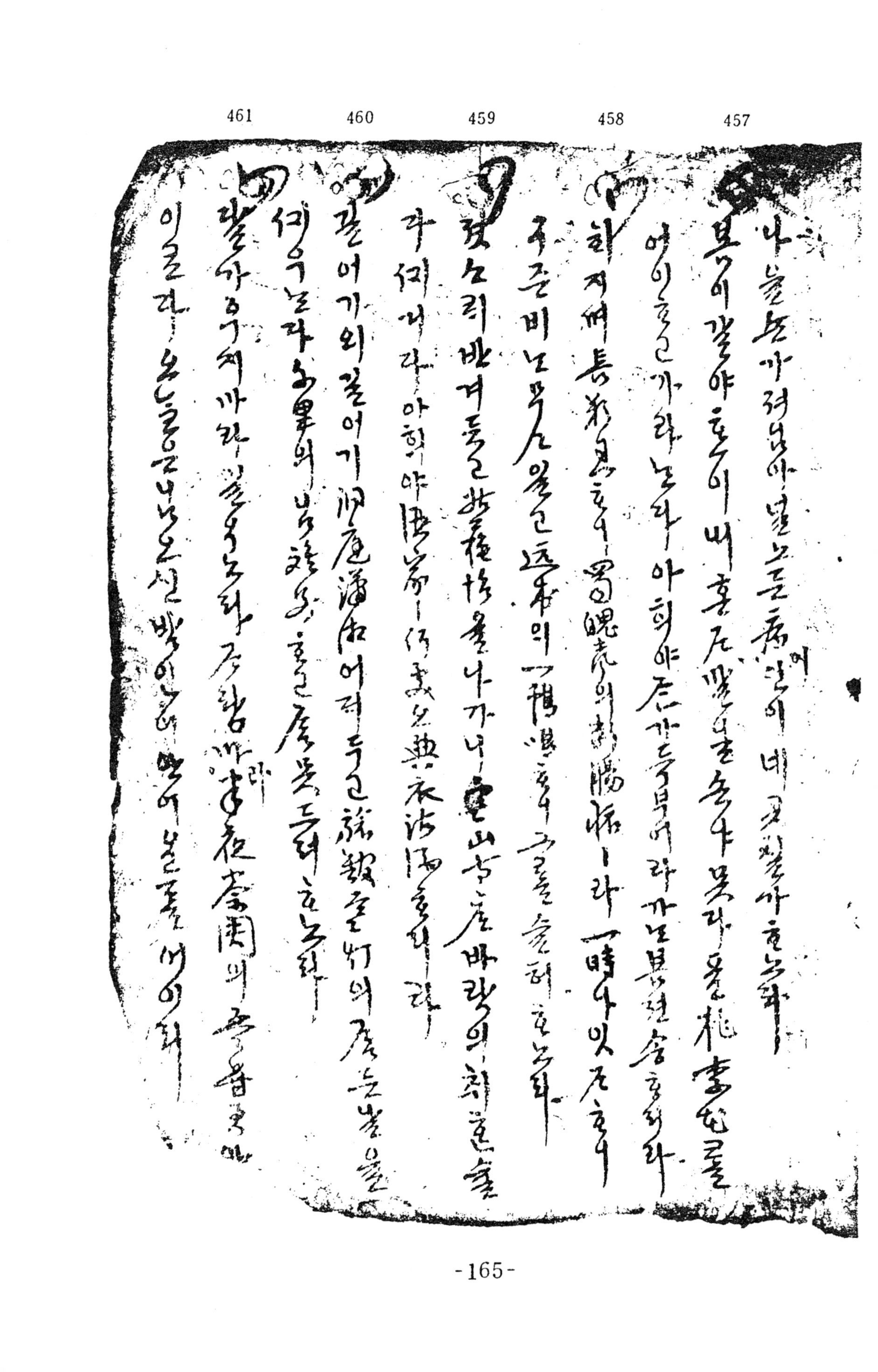

467 466 465 464 463 462

468 물가 오하 다시오믈 [illegible] 舍 [illegible] 着고 [illegible]
雲峯里 [illegible] 右의 [illegible] [illegible] 하니 [illegible]
업시 타 [illegible] 白鷗 이 놀 흥 흔 [illegible] 오 [illegible] 흔나
469 昭君 琵琶 安도 胡地에 客土되고 翔 語花 初 青 記 [illegible] 人
艱 [illegible] 一寸花容 [illegible] 라
470 人生이 可憐하니 물우희 浮萍草라 [illegible]
업시 보니 저다 日後에 다시보면 緣分일까
471 곳아 오늘 잇고 놀나 [illegible] 春光이 [illegible]
아이 [illegible] 곳지고 입 [illegible] 어느나 되 [illegible]
472 青松山 노픈 峰의 안즈 이 나 [illegible] 白鷗 [illegible] 야 [illegible]
金 [illegible] 梅花 [illegible] 까 [illegible]

475　　474　　473

가을의 지섯야라 [illegible] 이니 네 남나 놀 [illegible] 살불
물 내노 놀 내 으라 그지근 平壤 [illegible] 妾도 아니 [illegible] 나를
閔氏 네롤 혼라 그지근 [illegible] 혼라 그지근 [illegible]
도 나 뇨 아니 혼 [illegible] 라
綠陰 芳草 우니 겻 골의 [illegible] 러 라 ᄒ라
신야 네 [illegible] 어 엿보다 [illegible] 치 [illegible] 라도 갓 탈 세
그 진실로 너 알 남 네 시 별 비 게 나 불 가 ᄒ노라
南山이 [illegible] 長亭 [illegible] 文 [illegible] 小[illegible]이 崩破도
[illegible] 四海 가 [illegible] 桑田 長亭 朋友

有信ᄒᆞ니라

476 况此春日暖ᄒᆞ니 桃花亂落如紅雨라 初[illegible]

日[illegible]ᄒᆞ니 [illegible] 上ᄒᆞ니 아ᄒᆡ야 [illegible]

보아라 [illegible] 許ᄒᆞ니라

477 登王閣音은 졉어 [illegible] 物換星移ᄒᆞ니

멋가을 지니고 [illegible] 檻外長江이 空自流ᄒᆞ니

ᄒᆞᄂᆞ니라

478 好楓은 山路紅이오 [illegible] 林[illegible]

月의 [illegible]友다 [illegible] 비러 라

ᄒᆞ고 [illegible] ᄒᆞᄂᆞ니라

479 [illegible]희 집의 잡슈[illegible] [illegible]

[illegible]과게 [illegible]셔 [illegible] 내[illegible] [illegible]별지[illegible]

480 [illegible]아업서시니 三神山[illegible]

[illegible]여 [illegible] [illegible]

게 [illegible]

481 [illegible]氏[illegible] [illegible]身[illegible]

[illegible]어[illegible] [illegible]다 아모[illegible] [illegible]

[illegible]

484 483 482

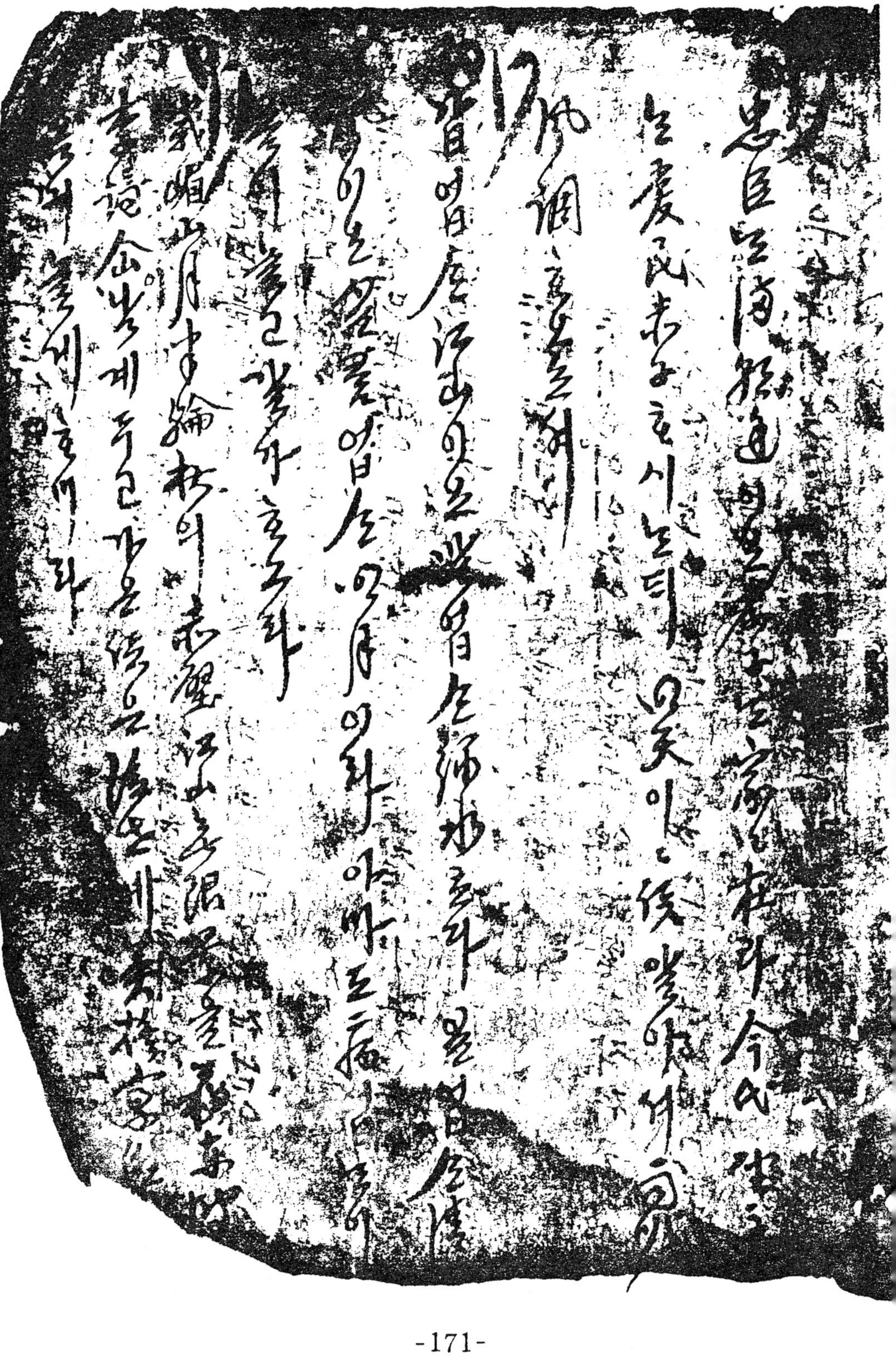

485 내 ᄉᆞ랑 남 주지 말고 남의 ᄉᆞ랑 탐치 마라 우리
ᄉᆞ랑의 즘 ᄉᆞ랑 셧기ᄂᆞᆫ 비라 平生의 이 ᄉᆞ랑 가지고 百
年同樂 ᄒᆞ리라

486 洛陽의 낫시 넉고 芳草에 안ᄌᆞ시니 落花 紅의
빗소릐 더욱 조타 柳枝에 黃鶯을 ᄒᆡ여 좃ᄂᆞᆫ 春
色을 흔들리라

487 狂風아 부지 마라 고은 옷 ᄒᆞᆯ ᄀᆡ라 더업순 春光을
네 어이 지촉ᄒᆞᄂᆞ니 우리도 시ᄅᆞᆷ 거러 두ᄂᆞᆫ 難分
가 ᄒᆞᄂᆞ라

488 天地 廣大 ᄒᆞ되 一身이 難容이로다 ᄃᆞᆫ니도 못 니루ᄂᆞᆫ 歲月
을 虛送ᄒᆞ고 언제나 立身揚名ᄒᆞ여 父母 ᄒᆞ리라

489 가마귀 鶴이 되며 제 오리 鳳凰되랴 네 네 말아야 못다 烈
어디셔 생긴 소냐 엇지마 어엿븐 얼굴을 눌겨 보소 ᄒᆞ되오
信의 項羽를 만나 勝敗를 決ᄒᆞ니 重瞳의 눈물 지고 그
칼 집고 이른 말이 五公의 知度島 決을 못서 술허 ᄒᆞ더라
491 곳보고 춤추ᄂᆞᆫ 나뷔 ᄂᆞᆫ 봉오ᄂᆞᆫ 곳치 이 두리 ᄉᆞ랑은 졀ᄃᆞ이
도라온다 엇더타 오ᄃᆡ 王孫은 歸不歸를 ᄒᆞᄂᆞ뇨
492 着碧ᄂᆞᆫ 소리 ᄭᅵ고 佛子의 ᄅᆞ기 낙가 伏狀의 비긴 술 노코 雲從台의 노던
ᄃᆞᆫ의 華華의 玄綠 ᄀᆞᆺ가지ᄂᆞᆫ 줄 ᄭᅳᆯ가 ᄒᆞ노라
493 平生의 못쓸 즘생 어ᄲᅵ 보ᄉᆞ리 往인ᄂᆞᆫ가 제비울 ᄡᆡ여나
여ᄲᅡᆼ터 오고 물미 ᄀᆞᄃᆞᆨᄂᆞᆫ 곳보ᄂᆞᆫ 춤추ᄂᆞᆫ 나뷔 걸니
라ᄂᆞᆫ 무슴 일고

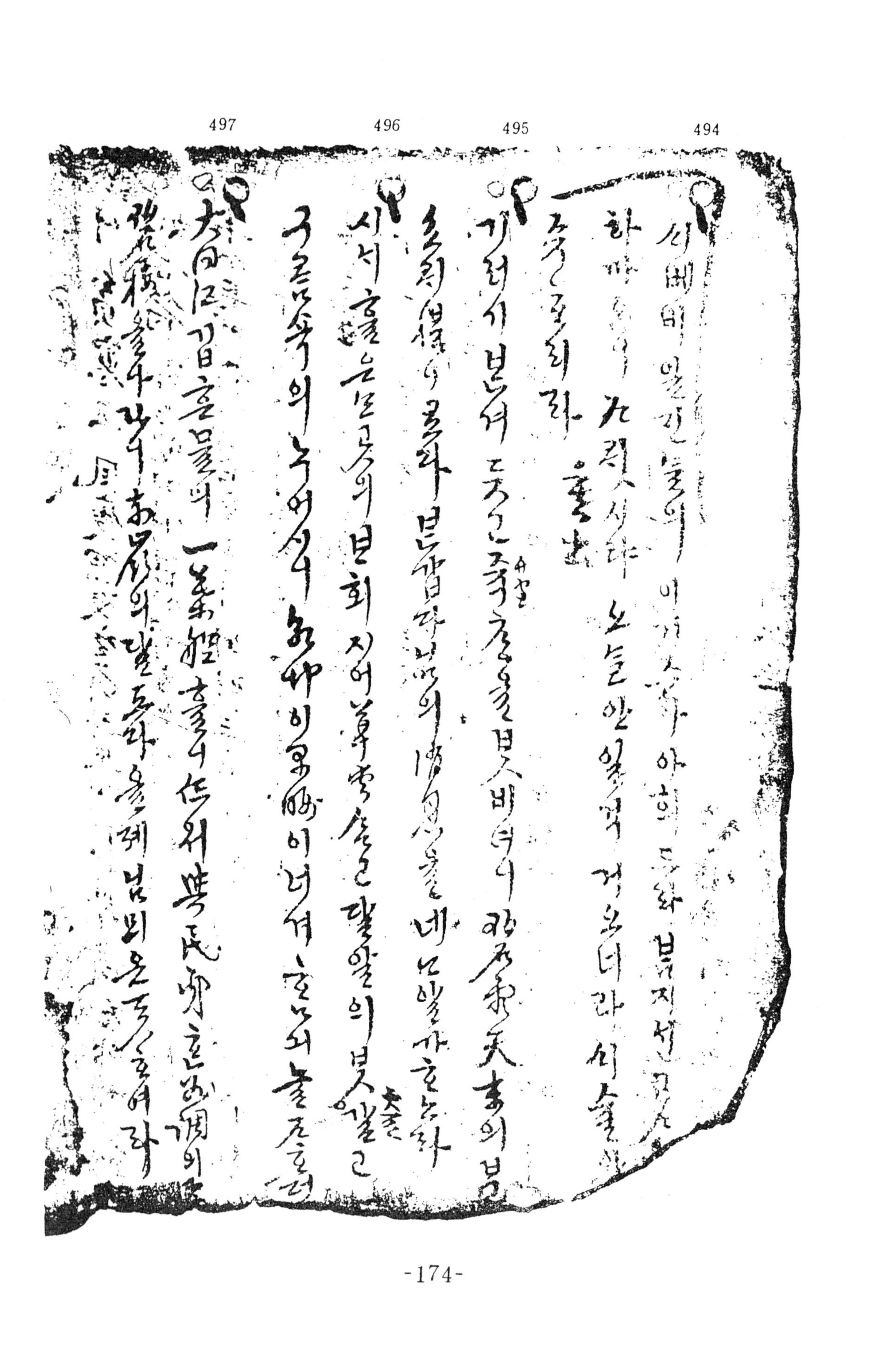

494 [illegible]

495 [illegible]

496 [illegible]

497 [illegible]

이러ᄒᆞ여 져러ᄒᆞ여 ᄒᆞᆫ 눈上의 빌 ᄌᆡ치 ᄲᆞ아 不省見之 ᄂᆞᆫ 내이오

벗ᄋᆞ니로라 花㮔의 술이 이시ᄆᆡ 그ᄠᅢ 惠ᄒᆞᄂᆞ니라 一

갈ᄃᆡ의 仔ᄉᆞᆷ을 仟니 남의 계셔 ᄂᆞᆫ僊 ᄉᆞ레 一百疊 다시 보ᄂᆞᆫ 마

술의 언져ᄂᆞᆫ 귀ᄲᅧᆯ이 ᄇᆞ섭ᄒᆞ야 ᄒᆞ되 가ᄉᆞᆷ ᄒᆞ여라

가ᄂᆞᆫ이라 ᄀᆞᆫ 雨臣 도라 가ᄂᆞ니라 君臣 ᄒᆞ려 ᄒᆞ와 答親인가

가ᄋᆞᆯ되 ᄀᆞ 뒤여 술 화 ᄒᆞ시면 다시 도라 올 리라 一

穆相의 ᄂᆞᆫ 빗 ᄂᆞᆫ 눈 ᄲᅵ이 ᄃᆞᆺ 것마ᄂᆞᆫ 내의 실ᄒᆞᆫ 이 이ᄃᆞᆫ 희

敖㯓이라 일흔 후의 ᄇᆞᆸ 너븐 ᄂᆞᆫ 시물 ᄌᆞ ᄒᆞ이 이 실이

그려 손지 ᄲᆞᆯ고 이 ᄅᆞᆫ이고 用 쥬어 和器一枝에 ᄒᆞᆫ 의

더 사 도여 남은 ᄂᆞᆫ 장 ᄒᆞ예 넘 노라

하리

503 져녁의 눈즛보소에 우란 나시로다 뎌 나시 거동보소 날나고
나시로다 두어라 나기곳 나고면 나 겨볼가 ᄒᆞ노라
504 어우와 보안지고 그리던 님 보안지고 七年大旱의 비만도 반갑소
외이후의 다시 만나면 九年治水의 白日본듯 ᄒᆞ여라
505 간밤의 셤도 조로오 아져가치 울우더니 반가온 우리 님을 보
라 ᄒᆞᆫ 그런ᄉᆞ타쇠 손쥡고 반갑다 ᄒᆞᆫ다 랑이 오훌말 어엽서 ᄒᆞ노라
506 되의는 트나 인네 깔곳ᄒᆞ면 다 셔방가 답ᄇᆞᆯ근 찡ᄒᆞᆫ 몰
507 이 봇지 상연노가 져님아 열늡이 빅깔ᄒᆞ여도 너녀아 짐족ᄒᆞ올라
향낭과 그닉 미여 남마나 와 어올 쎄니 ᄉᆞ랑이 쥴노 올나가지ᄊᆡ
다넛추렷다 져님아 너무 구루지 마라 졍 써러질가 ᄒᆞ노라

508 孝悌로 터열 닥근 忠信을로 집을 지어 禮義로 門을 닉고 廉恥道
로 여어시면 아무리 千萬年 風雨인ᄃᆞᆯ 기울 줄이 이시랴

509 버지 ᄂᆞ리 ᄐᆞᆫ 말이 아마도 [illegible]ᄒᆞ다 보면 반갑고 못보면
그리워라 天上이 ᄯᅩ 업ᄉᆞ니 ᄒᆞᆫ[illegible] ᄒᆞ노라

510 [illegible]上 美人[illegible]희 봄은 어이 느져ᄂᆞᆫ다 [illegible]皇帝
春의 柳色 黃金嫩이로다 아희야 武陵이 어듸ᄆᆡᆫ다 나ᄂᆞᆫ
옌가 ᄒᆞ노라

大象轉四時 功成者[illegible]

有[illegible]路 [illegible]人[illegible]

511 [illegible]

512 文讀春秋左詩傳하고 武使青龍偃月刀라 [illegible]
獨行千里하올 제 甘糜夫人다리고 六將生버히고 五關
을지날 제 [illegible] 高城 [illegible] 북소리 [illegible]

아못됴던 노야 아마도 未信閑抵은 至德인가 ᄒ노라

草堂의 숨어 ᄂ려 무어 술 對接ᄒ고 울엽

絵 희 뎜심의 미느리 갓 강의 還燒ᄒ여 셜 타고 울거

뎐북의 나 ᄂ긔 군기 속고 쳐라 아희 ᄲᅢ 잔 ᄊᆡ려

오너라 벗님뎌 쟈ᄇ 홀리라

기름의 지진 ᄯᅥᆯ 茶果도 않이 ᄲ ᄂᆫ날 울ᄉ 冷 기ᄋ의

술 몰 돌 ᄲᅡᆫ 도 ᄅᆯ ᄲᅢ 그라 고지 ᄂᆫ 平壤女妓 委도 않이

흐ᄂᆫ날 울 각시네 ᄅᆯ ᄒ라 고지 ᄂᆫ 아모 ᄋᆫ 죠

야 고지 ᄂᆫ ᄀ ᄒᆺ여 도 나 ᄆᆞᆯ 어ᄂᆡ ᄒᆞ오리

호 ᄂᆞᆫ

515

514

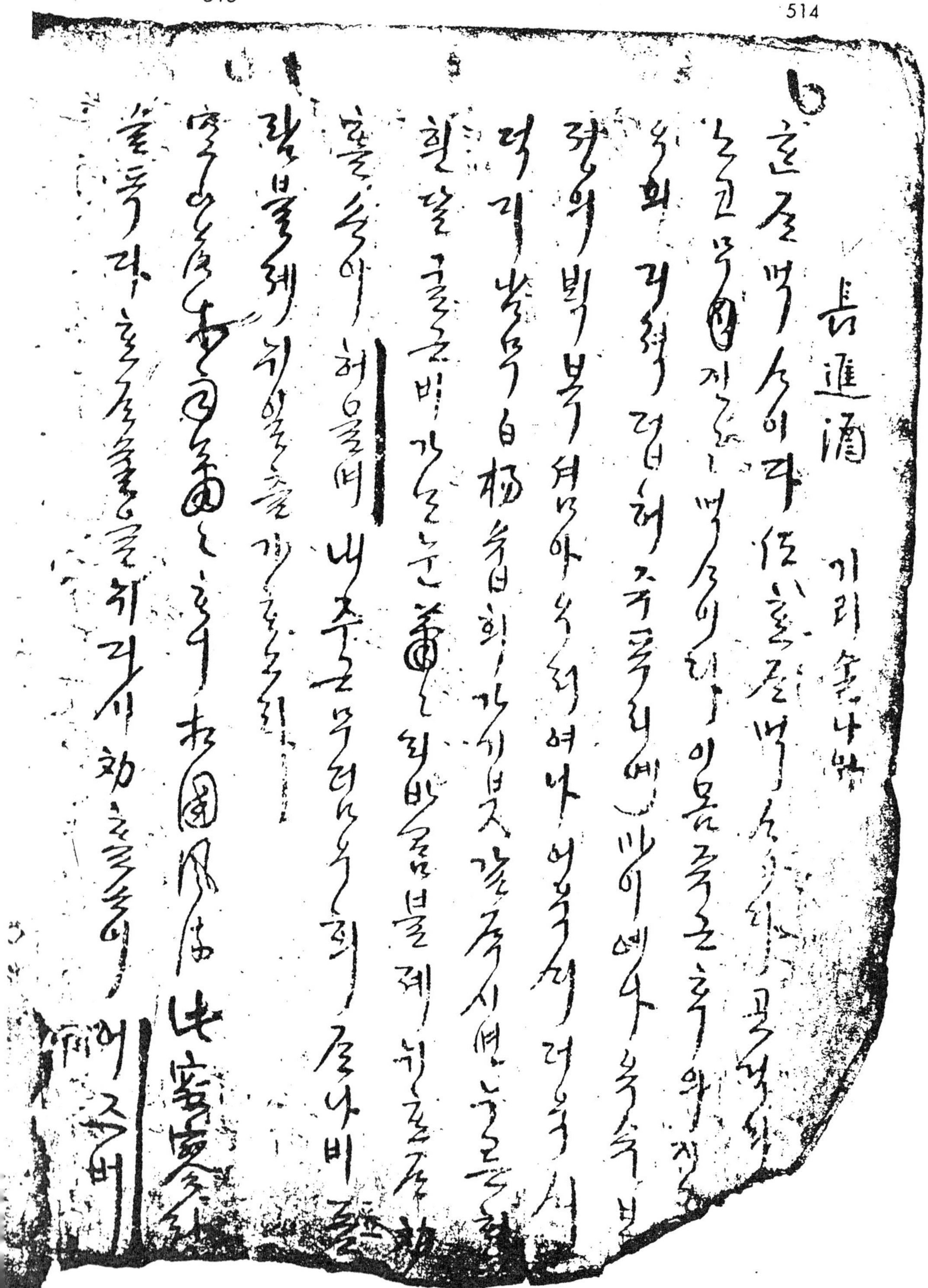

長進酒

516

芳年[illegible]曲이 [illegible]가 [illegible]라

[illegible]야 [illegible] 배갓다 님과 情甚濃[illegible]三[illegible]을

어이 펀네 [illegible]다 [illegible] 님 [illegible]諸情理를 네 나 [illegible]가

517

저 이는 은 눈 곳 보소 酒後[illegible] 낙시로다 저녁 시거든

보소랑을 나[illegible] 낙시로다 두어라 [illegible] 자시면

결[illegible]보[illegible]가[illegible]로라 重[illegible]

金樽의 [illegible]이 잇고 佳人이 [illegible]희 잇다 [illegible]이 가[illegible]

오늘 노름 그지 어[illegible]다 아희야 [illegible]가 [illegible] 부어라 [illegible]

[illegible]라

522 521 520 519 518

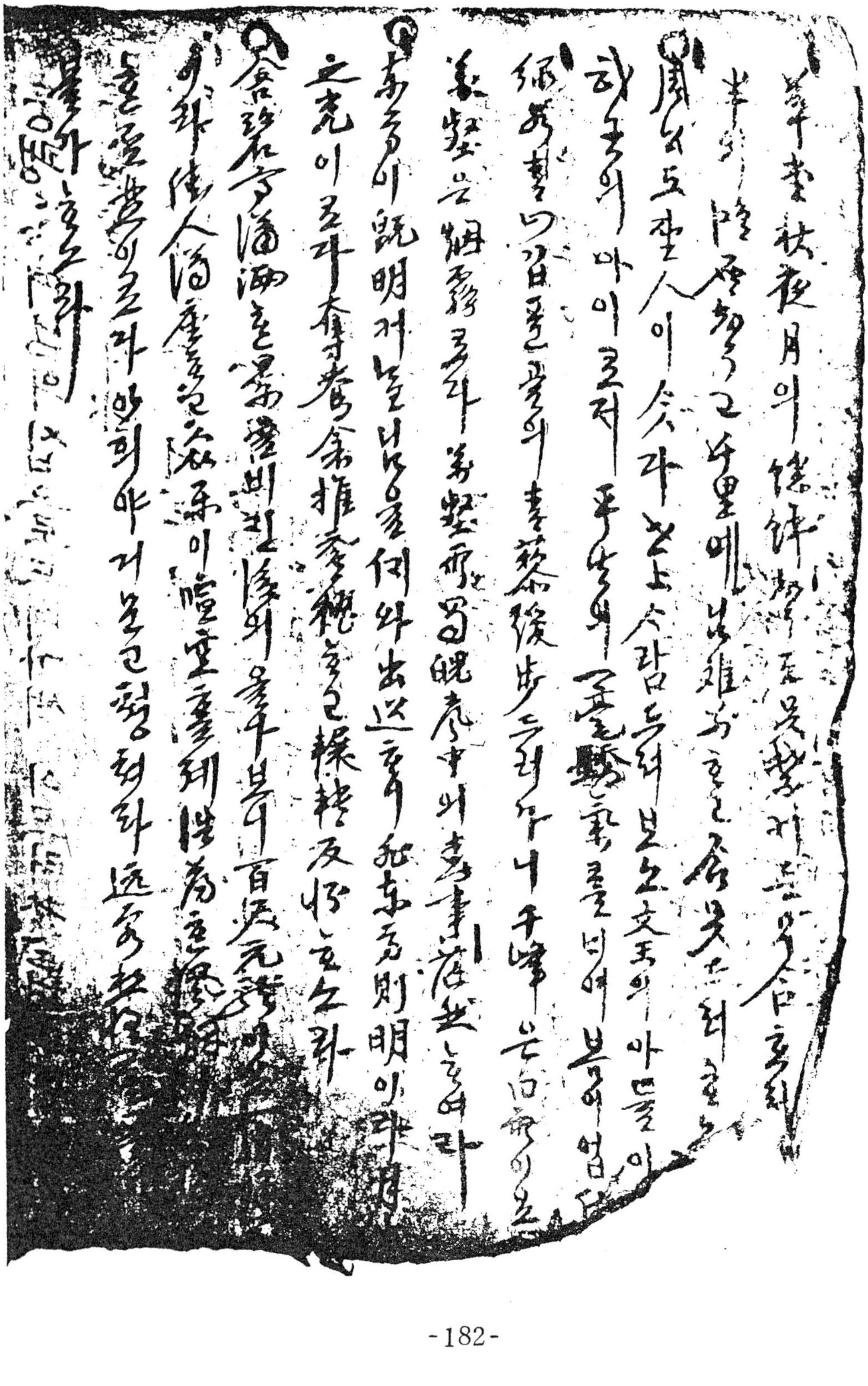

525 524 523

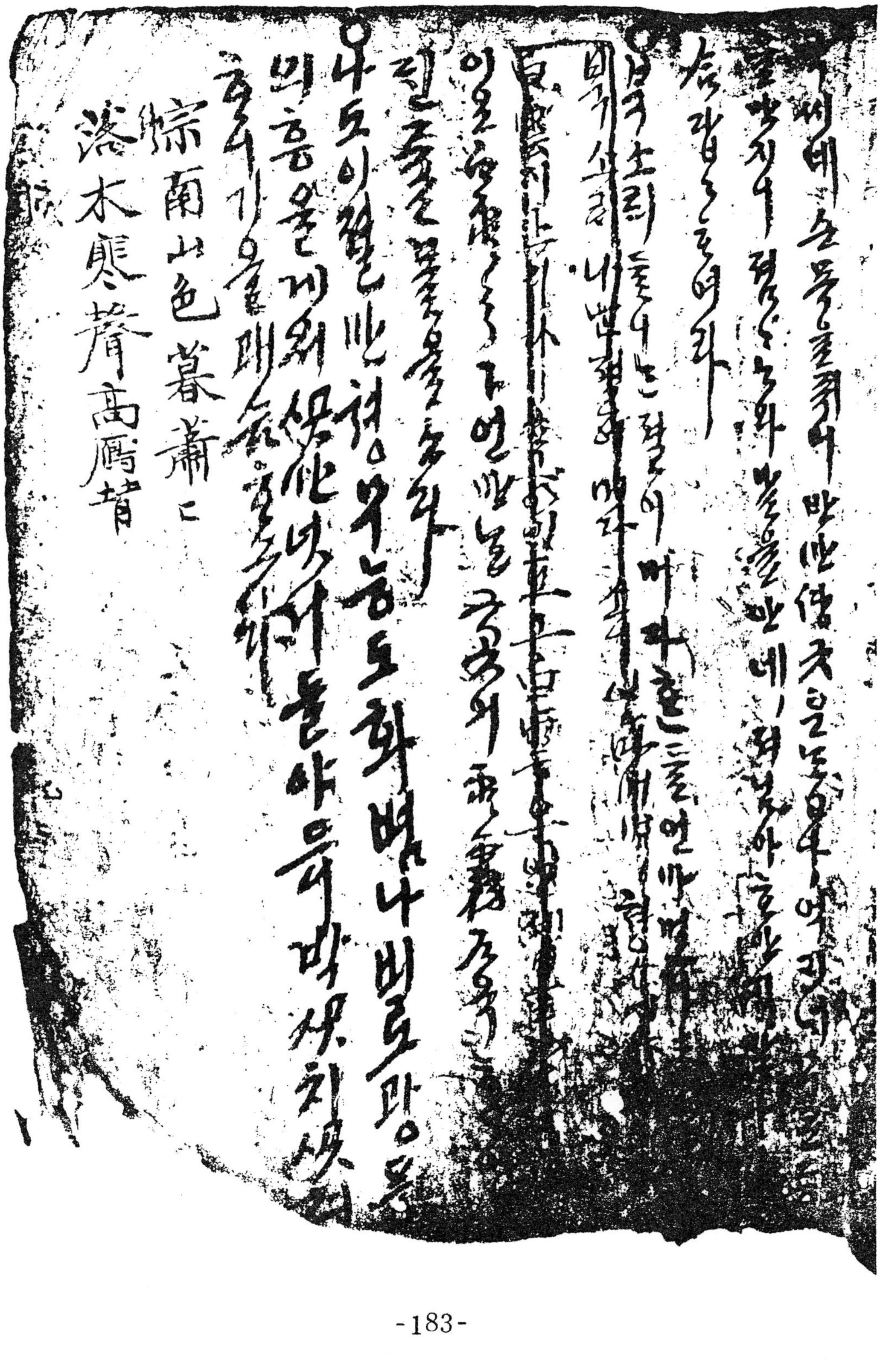

[illegible]

가시내 온 [illegible]을 쥐니 반만 당[illegible]운 난고 아억미너

우모 등을 만지니 [illegible] 나와 ᄂ을 아니 져잇

야 ᄒᆞᆫ 안 [illegible] 가신 [illegible] ᄒᆞ여 [illegible]

[illegible] 月 [illegible]

순이연가ᄒᆞ다 우연히 ᄒᆞ던 날을 (ᄂᆞ아며)

ᄀᆞ열히 이이 ᄲᆞᆯ저다 ᄎᆞ유와 ᄯᅩ다시

ᄂᆡ 쎤 연분이다 ᄒᆞ호도라

이 ⑩

강뎌공납관박틱에엽ᄉ흥빈를ᄒᆞ여
별여와비를틔재양ᄒᆡ다ᄋᆞ룡
가이빅기애늘몰쥐미야ᄯᅥ
영가

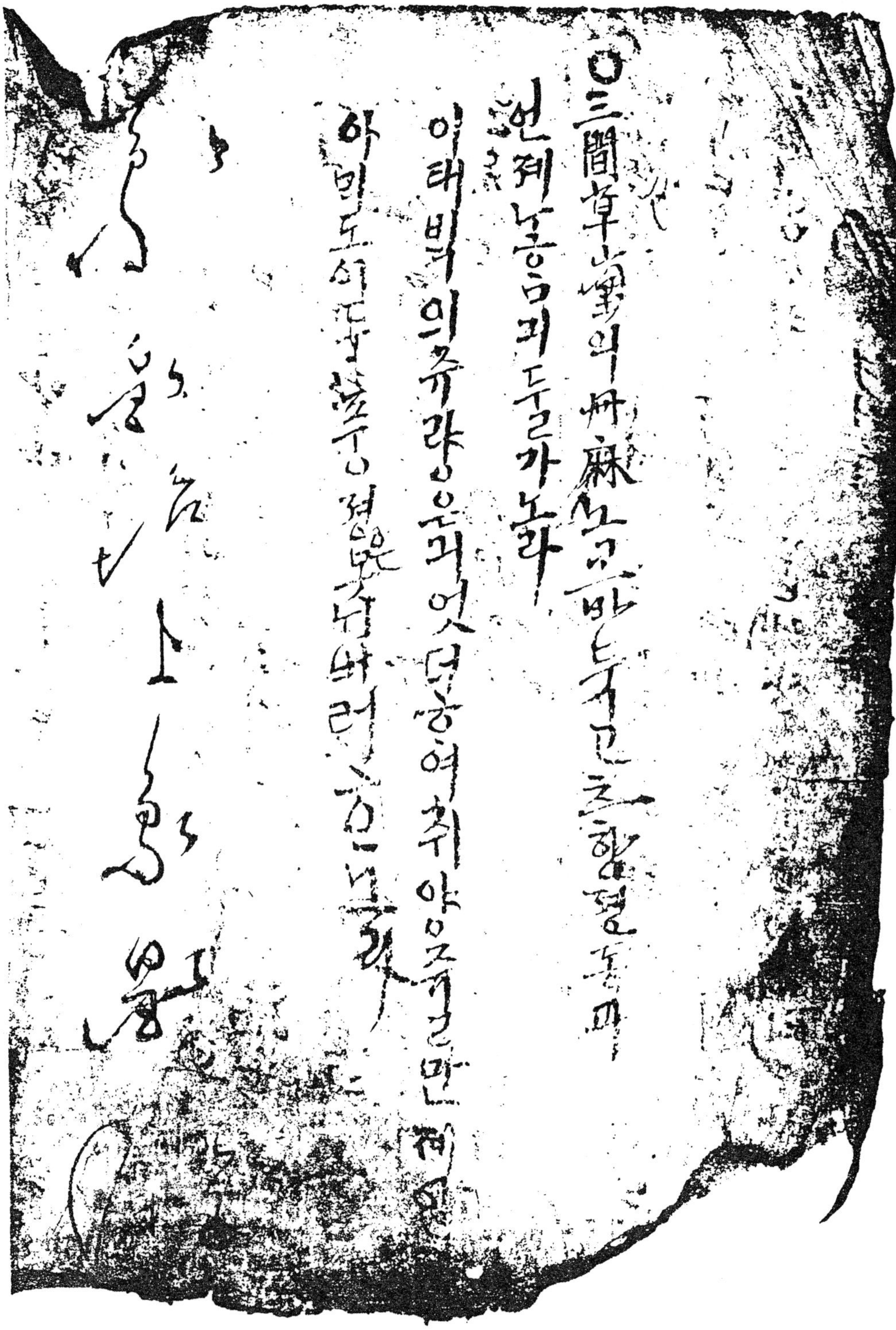

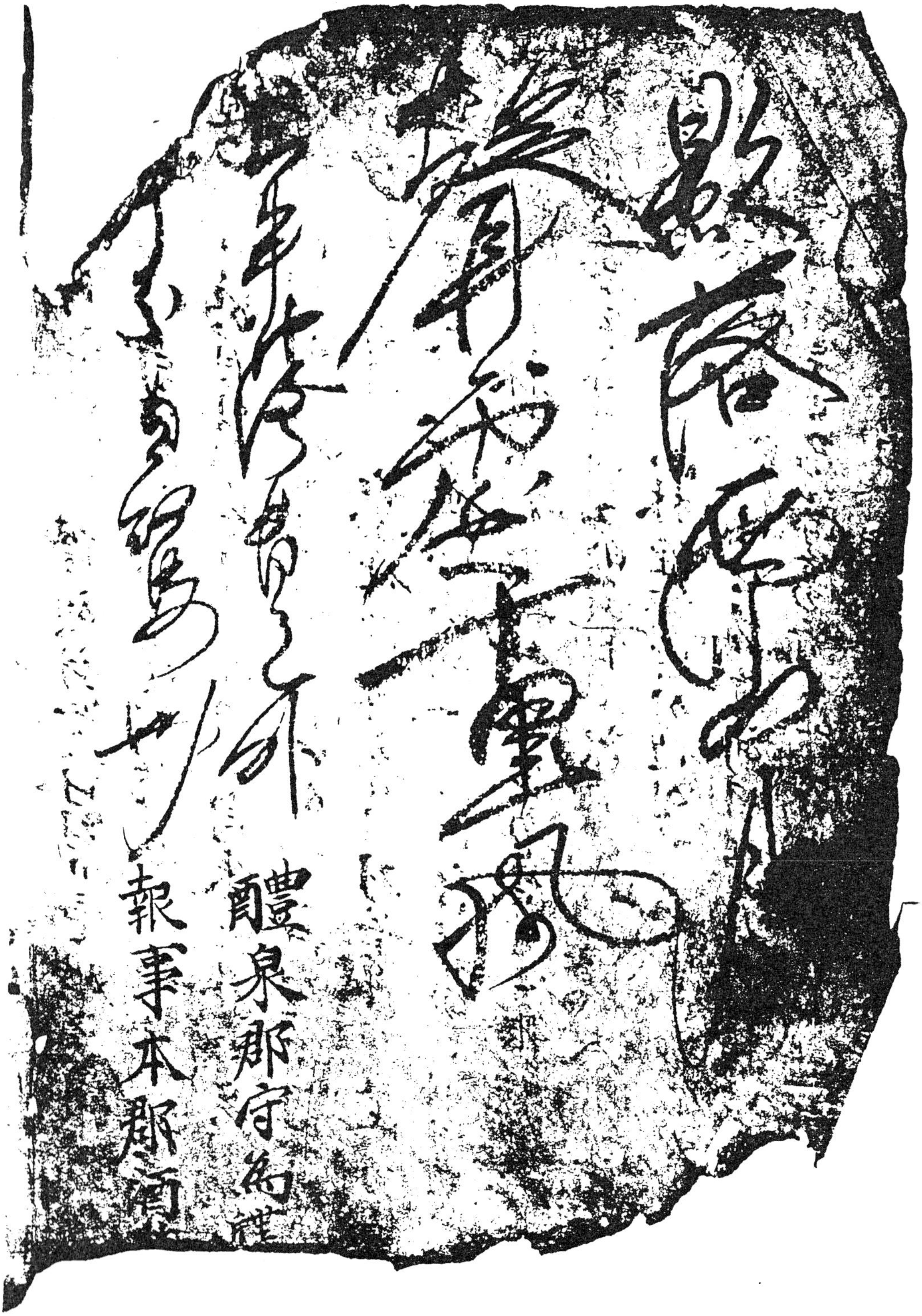

醴泉郡守為
報事本郡

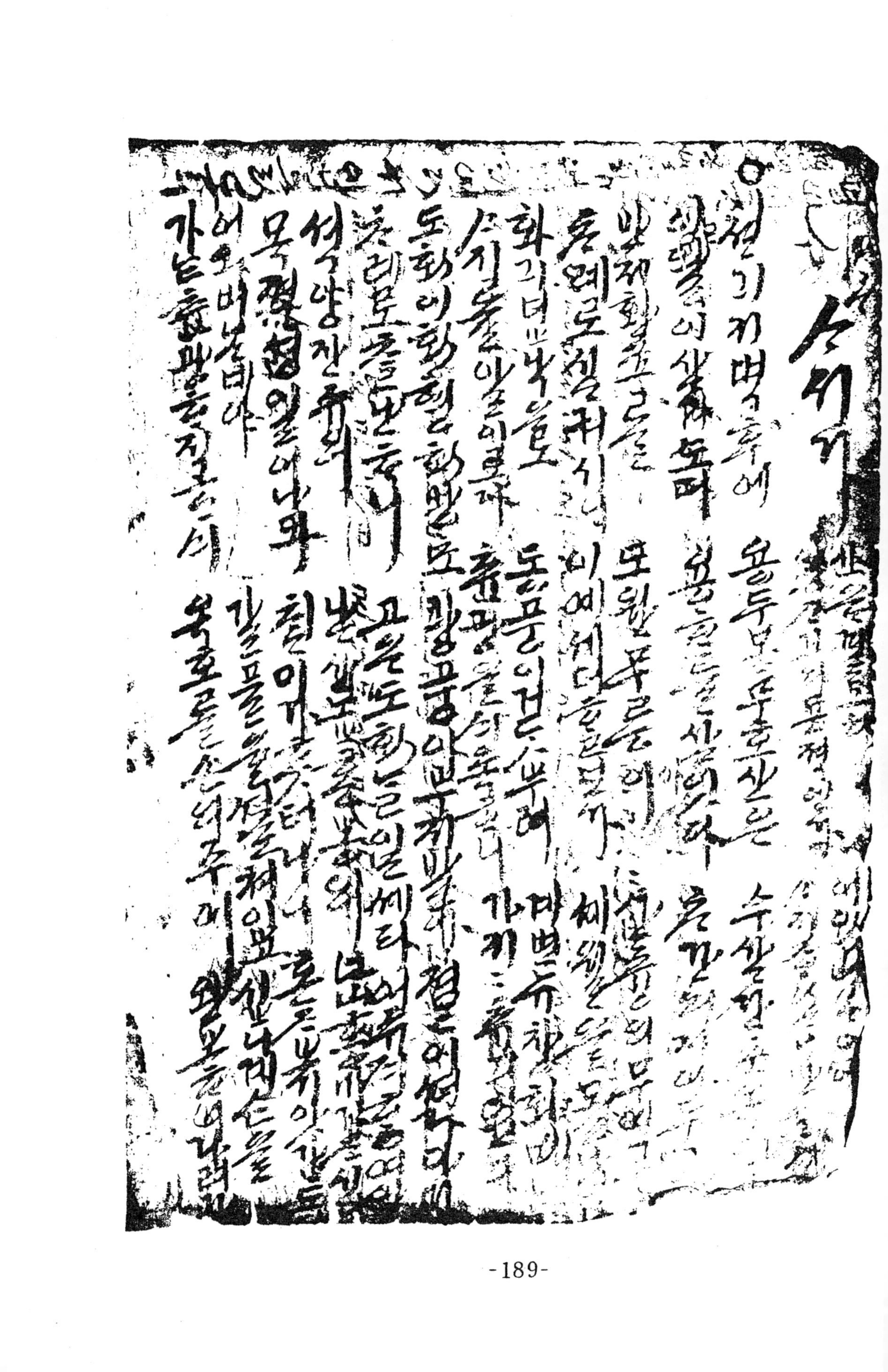

홀연이 빨래ᄒᆞ더니 두편 화ᄒᆞ거늘 [illegible] 부일을 빈
고은 비차양ᄒᆞ더니 [illegible] 무릅우에 빈[illegible] 누어시니
봉새 사시덕을 구십춘팔 [illegible] 그 [illegible]
우연히 부럽ᄒᆞ라 날마다 보ᄂᆞᆫ 후의 [illegible] 되[illegible]
홍랑 보ᄂᆞ 취ᄒᆞ여 ᄒᆞ고 하와 고ᄋᆞᆼ 우생 [illegible]
소ᄉᆞ 물 긔려 되ᄒᆞ다 볼 벗기거고 [illegible]
혹 유간ᄒᆞ고 [illegible]
버ᄉᆞ 보ᄉᆞ 만과 [illegible]
이로 모[illegible]ᄒᆞ니 [illegible]
청ᄒᆞ이 후무ᄋᆞ게 [illegible]
중관을 손되 [illegible] 홍 [illegible]
나표강이 나라 [illegible]